Ursula März
Verfehlungen und Verbrechen

Ursula März

VERFEHLUNGEN UND VERBRECHEN

PIPER

Mehr über unsere Autorinnen, Autoren und Bücher:
www.piper.de/literatur

Von Ursula März liegen im Piper Verlag vor:
Tante Martl
100 Autorinnen in Porträts

Inhalte fremder Webseiten, auf die in diesem Buch (etwa durch Links) hingewiesen wird, macht sich der Verlag nicht zu eigen.
Eine Haftung dafür übernimmt der Verlag nicht.
Wir behalten uns eine Nutzung des Werks für Text und Data Mining im Sinne von § 44b UrhG vor.

ISBN 978-3-492-07252-6
© Piper Verlag GmbH, München 2023
Gesetzt aus der Adobe Text
Satz: Fotosatz Amann, Memmingen
Druck und Bindung: GGP Media GmbH, Pößneck
Printed in Germany

Geschichten aus dem Terrarium

Ein Vorwort von Sabine Rückert

Diese Autorin wäre eine famose Zeugin in jedem Strafprozess. Sie wäre die Freude aller Richter. Sie ist eine Menschenbeobachterin, das ist ihre Leidenschaft und ihre Berufung. Und ja, Ursula März saß und sitzt tatsächlich in vielen Strafprozessen (vor allem für die ZEIT) – aber nicht als Zeugin der Anklage oder der Verteidigung, die irgendein Verbrechen beobachtet haben oder jemandem ein felsenfestes Alibi bescheren soll, sondern als Journalistin, als akribische Chronistin innermenschlichen und zwischenmenschlichen Geschehens.

Ihre Werkzeuge sind: Geduld und Unbeirrbarkeit, eine große Liebe zum Detail und eine Vielzahl wunderbarer Gedanken und Sprachbilder. Sie ist Gerichtsreporterin, eine der besonderen Art. So interessieren sie zum Beispiel die Feinheiten des Strafprozessrechts, der Umgang des Gerichts mit Angeklagten, die Art der polizeilichen Ermittlungen, die Analysen von Sachverständigen und die Fragen der Strafzumessung kaum. Die staatliche Maschinerie zur Herstellung von Gerechtigkeit bildet allenfalls die Kulisse zu ihren Geschichten, nicht den Kern. Was Ursula März wirklich fasziniert, sind die Vielgestaltigkeit der Lebenswege, die Feinheiten der Seele. Hauptverhandlungen sind für sie eher der Anlass für brillante Menschenerzählungen als eine Würdigung des Wirkens deutscher Strafverfolgungsbehörden.

Das bedeutet aber nicht, dass sie nicht ernst nähme, was in diesen Gerichtssälen vor sich geht: Ursula März nimmt alles ernst. Doch ihr Anspruch geht über die klassische Gerichtsreportage der Medien hinaus, sie sucht und findet das Gewaltige im ganz Kleinen. Den wochenlangen Strafprozess gegen den blutigen Serienmörder, berühmten Entführer oder aufsehenerregenden Erpresser sucht man in diesem Buch ebenso vergeblich wie die investigative Aufdeckung von Justizskandalen. März geht es um das Dahinter anscheinend unscheinbarer Biografien. Um das Leid und den Wahnsinn ganz normaler, einfacher Leute, um die Abgründe in ihrem ungeheuren Alltag. Auch um das Neurotische, Tragische, Bizzarre und Sinnlose, worein ein Leben münden kann.

»Ich rücke meinen Figuren dicht auf die Pelle«, schrieb Ursula März einmal über sich selbst. »Und komme dabei an die empfindlichsten Stellen des Menschen: Liebe, Entbehrung, Ablehnung.« Doch sie wolle nicht die »Perspektive einer Insektenforscherin« einnehmen, die sich über ein Terrarium beugt, »es ist demokratischer und humaner, wenn ich mich selbst mit ins Terrarium setze.«

Und genau so lesen sich ihre Texte. Es sind Geschichten aus dem Terrarium. Nah. Berührt. Zeigend, wo Menschen falsch abgebogen sind auf einen Weg, der sie bis hierhergeführt hat – vor den Strafrichter. Ohne Besserwisserei, sondern eher so, als könnte sie selbst, als könnten ihre

Leser ebenfalls hier landen. März ist eine Intellektuelle ohne Allüren.

Sie merken es: Die Gerichtsreportagen von Ursula März sind streng genommen gar keine Reportagen – es sind Novellen, romanhafte Kurzgeschichten. Doch die Autorin benutzt ihre Protagonisten dabei niemals. Über niemanden macht sie sich lustig, nicht über Kriminelle, nicht über Dummköpfe. Eine große Bereitschaft sich einzulassen, zu verstehen und eine spürbare Liebe zu den Menschen durchströmt ihre Beobachtungen.

In der ZEIT schrieb Ursula März vor einigen Jahren: »Ich schaue unglaublich gern dem normalen Leben zu. Ich habe auch Verständnis für Menschen, die sich mit einem Kissen aufs Fensterbrett lehnen, um zu beobachten, was auf der Straße so vor sich geht. Ich nenne das ›meditative Soziologie des Alltags‹. Böswillige nennen es den Zeitvertreib spießiger, gelangweilter Rentner. Bitte schön – dann entsprechen meine Interessen eben denen spießiger, gelangweilter Rentner«.

Hat schon einmal jemand tiefergestapelt?

Die von Ursula März geschilderten Menschen sind auch in dem Moment, wenn sie vor der Strafjustiz stehen, nie »Angeklagte«, sondern stets ausgefeilte Persönlichkeiten mit einer lange durchlebten (manchmal auch durchlittenen) Biografie, viele mit großen Wünschen, haufenweise Besonderheiten und Eigenarten, mit Träumen, Qualen, Zielen und Schrullen, die durch eigenes Schalten und noch dazu durch das Walten des Schicksals nun hier von der Vergangenheit eingeholt werden. Aber auch vor Gericht bleiben sie bloß Menschen. Halt solche, die man erwischt hat.

Herrn Nemec etwa, der die Schaufensterscheibe eines Nagelstudios zerkratzt, weil er die dort stattfindende Misshandlung menschlicher Finger nicht länger hinnehmen kann.

Oder der ungeheure Leidensweg des armen Herrn Vogelsang, der sein Herz nebst all seinem Hab und Gut an eine blutjunge Prostituierte verliert, der er nullkommanichts bedeutet.

Der sexuelle Wirrwarr dreier Hexen vom Rand Berlins, deren eintöniger Alltag erst durch den »Geist des Spirituellen ganz von selbst den kränkenden Beigeschmack totgeschlagener Zeit« verliert.

Die hyperempfindliche Nase des Herrn Meinhard, dem es im wahrsten Sinn des Wortes gelingt, jenseits von Polizei und Rechtsmedizin einen Mord zu erschnüffeln.

Worüber man nicht schreiben kann, darüber soll man sich Gedanken machen. Und so erlaubt sich Ursula März anlässlich der strafprozessualen Frage-Antwort-Sequenzen und beobachteten Verhaltensweisen bei Gericht ihrerseits feuilletonistische Ausflüge in die Mutmaßung, in die Psychoanalyse und in die allgemeine Menschenkunde. Und ich bin mir sicher, dass sie dadurch der Wahrheit weitaus näherkommt als so mancher brave Journalist, der Tag für Tag die Geschehnisse und Tatsachen für seine Redaktion protokolliert.

Ursula März ist eine wunderbare Schriftstellerin. In ihrer Literatur finden sich tiefere Wahrheiten als die in der Zeitung.

Sabine Rückert gehört seit 1992 zur Redaktion der Hamburger Wochenzeitung DIE ZEIT *und arbeitete von 2002 bis 2012 als resortunabhängige Gerichtsreporterin. Seither ist sie stellvertretende Chefredakteurin und Mitherausgeberin des Magazins* ZEIT Verbrechen

Rotlicht

An einem Tag im Jahr 2011 sprach Rolf Vogelgesang auf dem Billigstrich um die Potsdamer Straße im Berliner Westen eine schwarzhaarige, sehr zierliche Prostituierte an. Er war kein geübter Freier. Er druckste herum und suchte nach den richtigen Worten für das, was er wünschte. Und welche Wünsche es waren, wusste er auch nur vage. Die Frau kam ihm zuvor, indem sie im sachlichen Geschäftston ihre Preise mitteilte: 20 Euro für die orale Variante im Auto, 50 Euro für eine halbe Stunde in einer Pension plus Zimmermiete.

Rolf Vogelsang hörte schon nicht mehr richtig zu. Binnen Sekunden ging sein Interesse so weit über alles Geschäftliche und Sexuelle hinaus, als sei in ihm eine Bombe gezündet worden. »Es hat mich«, wird er Jahre später als Prozesszeuge sagen, »sofort erwischt.« Ihn durchfuhr ein *coup de foudre*, wie er ihn noch nie erlebt hatte. Er stand, da war er sich vollkommen sicher, der Frau seines Lebens gegenüber. Alles an ihr berührte und entzückte ihn. Alles war er von dieser Sekunde an bereit, für sie zu tun. Und er tat auch alles, um die Bulgarin Hanka Draganova, die an der Potsdamer Straße nur Hani genannt wurde, aus dem

Schmutz der Straßenprostitution zu erretten. Schon bei der zweiten Begegnung eine Woche später lud er sie zum Essen in einem Grillimbiss ein. Sie kam ihm unterernährt vor, viel zu dünn für ihr Alter.

Er bezahlte sie dafür, dass sie mit ihm ins Kino ging, ihn auf Spaziergängen begleitete, sich im nahe gelegenen Tiergarten auf einer Decke niederließ und ein paar der gesunden Nahrungsmittel probierte, die er in einem Picknickkorb bereithielt. Er bezahlte die Stunden, die er damit zubrachte, ihr ins Gewissen zu reden und die Erbärmlichkeit ihres Daseins vor Augen zu führen. Er war besessen von der Idee, ihr mit all diesen Aktivitäten das Bild eines anderen, eines bürgerlichen, umsorgten und gesicherten Lebens an seiner Seite zu veranschaulichen. An einem Sonntagnachmittag stellte er ihr sogar seine beiden halbwüchsigen Kinder vor, damit sich die Mitglieder der Familie, die er für seine zukünftige hielt, schon einmal kennenlernen konnten. Kurz darauf trennte sich seine Frau von ihm und reichte die Scheidung ein.

Abend für Abend fuhr er mit dem Auto durch die Straßen des Rotlichtviertels, um Hani zu suchen. Wenn er sie nicht an ihrem Standplatz fand, gab er das frische Obst und die Vitaminsäfte, die er immer dabeihatte, am Tresen der Eckkneipe ab, in der sich die Prostituierten für eine Zigarettenpause trafen, bevor sie zurückkehrten aufs Trottoir.

Er wusste, dass er im Milieu der Zuhälter und Drogendealer für einen dieser Narren gehalten wurde, die quartalsmäßig auftauchen, sich mit dem Helden eines Hollywoodfilms verwechseln und nichts Besseres zu tun haben, als ihr Herz an eine Nutte zu hängen. Es war ihm egal. Tief in seinem Inneren dürfte er geahnt haben, dass er im Lauf des Jahres 2014 auf eine Weise ausgeplündert wurde, deren burlesker Einschlag die Infamie noch steigerte.

Rolf Vogelgesang, ein Mann von fünfzig Jahren, ein Ingenieur in leitender Position, dessen Leben sich bis dahin so unauffällig wie durchschnittlich gestaltet hatte, nahm den Ruin seiner gesamten Existenz hin. Er tat dies in einer Liebesraserei, die sich am ehesten mit religiösem Fanatismus vergleichen lässt. Für Hani war ihm kein Risiko zu groß, kein Abgrund zu tief, kein Opfer zu schmerzlich.

Im Spätsommer 2016 steht Rolf Vogelgesang in einem kurzärmligen Karohemd als einer von vielen Zeugen vor dem Berliner Landgericht. Angeklagt sind die 29-jährige Hanka Draganova und der 37-jährige bulgarische Dimitrov Tanev. Ihr wird Betrug vorgeworfen, bei ihm kommt aus Sicht der Staatsanwaltschaft allerhand zusammen. Zuhälterei, Menschenhandel, gefährliche Körperverletzung und betrügerische Erpressung sind nur die gewichtigsten Anklagepunkte. Schon am ersten Prozesstag deutet sich an, wie schwierig es werden wird, sie nachzuweisen.

Als Nebenklägerin tritt Tatjana Nedeva auf, ebenfalls eine bulgarische Prostituierte. Auf Schritt und Tritt wird sie von zwei Anwältinnen begleitet, denn es ist nicht auszuschließen, dass Hintermänner des Prostitutionsgewerbes sie bedrohen. Schützt sie deshalb den Angeklagten, indem sie jede halbwegs belastbare Aussage schon im nächsten Moment durch seltsam blumige Erläuterungen abschwächt? Oder schützt sie ihren Ruf als loyales Mitglied eines Milieus, das schmutzig und gewalttätig sein mag, aber der einzige Ort ist, an dem sie so etwas wie eine Heimat findet? Tatjana Nedeva ist 27 Jahre alt. Sie war 20, als sie zum Anschaffen nach Berlin kam. Sie hatte, wie die meisten der osteuropäischen Prostituierten, wie auch Hani, nie eine andere Arbeit ausgeübt, nie ein anderes Leben geführt als das am Straßenrand.

Unmittelbar nach ihrer Ankunft in Berlin 2009 ging sie mit Dimitrov Hanev eine Partnerschaft ein, in der die Grenze zwischen Anhänglichkeit ihrerseits und finanzieller Ausbeutung seinerseits mäandernd verlief. Wie viel von ihren Einkünften sie ihm aushändigte, will sie vor Gericht nicht sagen. Ebenso wenig, ob sie es freiwillig oder unter der Androhung von Gewalt machte. Ob regelmäßig und nur gelegentlich. Genau dies aber sind die Kriterien, die das Strafgesetzbuch vorgibt, um über den Tatbestand der Zuhälterei zu entscheiden.

Eine Wohnadresse hatte Tatjana Nedeva in Berlin nicht. In vielen Nächten schlief sie mit Dimitrov Hanev im Auto auf dem mittleren Parkstreifen der Bülowstraße, die quer zur Potsdamer Straße verläuft. Wenn sie Geld hatten, übernachteten sie in einem der Billighotels der Gegend. Im Oktober 2013 wird Dimitrov Hanev verhaftet, zwei Monate später wegen Raub zu einer Freiheitsstrafe von einem Jahr auf Bewährung verurteilt. Nach seiner Entlassung aus der Untersuchungshaft verwickelt sich das Knäuel jener Ereignisse, die schließlich auch Rolf Vogelsang mitreißen und in den Ruin schleudern werden.

Zu Jahresbeginn 2014 wendet sich Dimitrov Hanev einer namentlich nicht genannten tschechischen Prostituierten zu, sie genießt nun sein persönliches Interesse. Sein wirtschaftliches an Tatjana Nedeva soll er umso brutaler durchgesetzt und sie gezwungen haben, Tag und Nacht auf dem Strich zu arbeiten, mit immer mehr Drogen, um wach zu bleiben. Er soll sie geprügelt und einmal mit einem Messer angegriffen haben.

In ihrer Wut auf die tschechische Nebenbuhlerin erstattete Tatjana Nedeva mehrmals Anzeige gegen Dimitrov Hanev. Allerdings zog sie die Anzeigen oft schon am Tag darauf zurück. Länger als eine Nacht hielt sie es im Frauenhaus, wo der Sozialdienst sie unterbrachte, nicht aus. Auf die Frage des Verteidigers von Dimitrov Hanev, weshalb sie nach den Misshandlungen nicht nur immer wieder zurückgekehrt sei zu seinem Mandanten, sondern regelrecht darum gekämpft habe, die Position der Favoritin in dessen zuhälterischem Management zurückzuerobern, gibt sie zu Protokoll: »Weil ich ein gütiges Herz und eine gütige Seele habe.«

Im Frühsommer 2014 werden die Karten noch einmal neu gemischt. Hani tritt nun an die Seite von Dimitrov Hanev. Wenn man beiden glauben mag, erlebten sie einen Blitzschlag der Liebe, wie er drei Jahre zuvor Rolf Vogelsang verglüht hatte. In einer von seinem Verteidiger verlesenen Erklärung teilt Dimitrov Hanev dazu mit: »Hani ist die Liebe meines Lebens. Ich musste mich von Tatjana und von der Tschechin trennen, ich liebte beide nicht mehr.«

Bisweilen ähnelt der Prozess einem Bühnenschwank, der das Publikum in den Genuss einer Zuckergussrhetorik nah an der Grenze zum Absurden bringt. Die Protagonisten wiederum, die dabei auftreten, erinnern an eine verschworene Dorfgesellschaft, zu deren obersten Gesetzmäßigkeiten es gehört, ihre illegalen Machenschaften, Intrigen und Machtkämpfe um keinen Preis nach außen dringen zu lassen.

An einem Prozesstag tritt ein junger Wirtschaftsjurist in den Zeugenstand, der zufällig im Rotlichtviertel um die Potsdamer Straße wohnt. Im Sommer 2015 erstattete er Anzeige gegen Dimitrov Hanev. Dieser habe ihm ein iPhone nicht zurückgegeben, welches er ihm zur Reparatur überlassen habe. Dem Angeklagten Hanev ist vieles zuzutrauen, Spezialkenntnisse auf dem Gebiet der Elektronik nicht unbedingt. Und warum, wundert sich der Richter, war Dimitrov Hanev mehrfach Gast im Wohnzimmer des Wirtschaftsjuristen? Könnte dies mit dem Erwerb von Crystal Meth zu tun gehabt haben? Auf solche Fragen hin tun sich im Kopf des Zeugen Gedächtnislücken von neurologisch bedenklichem Ausmaß auf.

Gegen Ende der Zeugenparade erscheint der schwergewichtige August Wellner im Gerichtssaal. Seine Rolle im Dorfgeschehen ist verschwommen. Vor Jahren, so viel steht fest, war er mit der Schwester von Hani liiert. Fest steht auch, dass er als Gebrauchtwagenhändler bankrottging und seitdem von der Untervermietung seines Schlafzimmers an Leute aus dem Rotlichtgewerbe lebt. Auch Hani kam gelegentlich bei ihm unter. Sie brachte Dimitrov Hanev mit, und dieser brachte irgendwann einen gewissen Richard Neulich mit, der allerdings untergetaucht und von der Polizei nicht zu finden ist. Mit ihm soll Dimitrov Hanev über eine Ablösesumme für Tatjana Nedeva in Höhe von 25 000 Euro verhandelt haben. Auf diesen Deal versucht die Staatsanwaltschaft ihren Vorwurf des Menschenhandels zu stützen. Nur findet sich kein Zeuge, der die Vermutung zu konkretisieren vermag.

An keinem anderen Ort in Deutschland vollzieht sich Straßenprostitution so offen unter den Augen der Passanten wie in diesem Berliner Viertel. In der Weimarer Republik war es die Heimat des Großbürgertums und der gebildeten Boheme, berühmt für seine Theater, literarischen Cafés und Cabarets. Die Bombardements des Zweiten Weltkriegs ließen von den Gründerzeithäusern wenig übrig. Und was übrig geblieben war, wurde in den Fünfziger- und Sechzigerjahren nachlässig und billig wieder aufgebaut.

Zwischen Eckkneipen, Billigkaufhäusern, türkischen Gemüsegeschäften und Bars, die rund um die Uhr geöffnet sind, begann sich der Straßenstrich zu etablieren. Mit der Zeit erwarb sich das Viertel jenes Image des für Berlin typischen Kaputtheits-Charmes, von dem Reiseführer schwärmen. Die Anwohner sehen es etwas nüchterner. Sie beobachten vom Küchenfenster Paare, die in den Ecken der Parkplätze kopulieren, sie steigen in den Hinterhöfen ihrer Häuser über Kondome, Damenschlüpfer und Feuchttücher.

In der Zeit des Prozesses gegen Hanka Draganova und Dimitrov Hanev entsteht ein Aktionsbündnis von Bürgern mit dem Namen »Gegen den Strich – für einen Sperrbezirk in Tiergarten Süd«. In der Sommersaison, heißt es in einer Erklärung des Bündnisses, drängten sich bis zu 400 Prostituierte auf einem Dutzend Parallel- und Querstraßen. Selbst vor den Eingängen von Kindergärten, Kirchen und Krankenhäusern gingen sie ihrem Gewerbe nach. Die Sorge der Anwohner lässt sich leicht nachvollziehen. Zugleich ist es ihre öffentliche Sichtbarkeit, die den Straßenprostituierten einen gewissen Schutz gewährt. Abgedrängt in die hermetische Unterwelt der Prostitution wären sie für niemanden mehr erreichbar. Nicht für die Streifenpolizisten, die das Viertel kontrollieren. Nicht für die Sozialarbeiterinnen, die sich auf den Straßen des Viertel bewegen und die Frauen ansprechen, um den Kontakt mit ihnen aufrechtzuerhalten. Auch die Tragödie von Rolf Vogelsang nahm auf offener Straße ihren Beginn.

Die dunklen Wolken, die im Frühsommer 2014 über ihm aufziehen, will er lange nicht wahrnehmen. Am 20. Mai ruft ihn eine Kollegin von Hani an. Etwas Furchtbares, schreit sie ins Telefon, sei geschehen. Hani sei von einem Zuhälter nach Bulgarien entführt worden, für ihre Freilassung fordere er 5000 Euro. Kurz darauf legt Hani mit einer SMS nach. »Rolf, hilf mir! Bin entführt! Es geht um Leben und Tod.« Noch am gleichen Tag übergibt Rolf Vogelsang 5000 Euro an Dimitrov Hanev, der ihm als Geldbote des Zuhälters genannt wird.

Die Staatsanwaltschaft ist überzeugt, Hanev sei die treibende Kraft hinter den immer aberwitzigeren Lügengeschichten gewesen, die in immer kürzeren Abständen auf die Ersparnisse des verblendeten Vogelsang abzielen. Im Juni zahlt er je 2500 Euro für die Beerdigungen von Hanis Vater und ihrer Großmutter. Beide sind quicklebendig. Im Juli zahlt er 5000 Euro für die Kaution einer Wohnung, die Hani angeblich in Bulgarien erwerben möchte, um mit ihm später einmal dort Urlaub zu machen. Ebenfalls im Juli 2014 zahlt er für das Ferienlager einer Tochter, von der Hani plötzlich behauptet, sie in Bulgarien zurückgelassen zu haben. Kurz darauf benötigt die Tochter einen neuen Ranzen, Bücher, Turnschuhe und Kleidung für das beginnende Schuljahr und Hani selbst ein Auto, um ihr Kind zu besuchen.

Die Summe der Beträge, die Rolf Vogelsang herausrückte und die mutmaßlich durch Dimitrov Hanev in die Hände von Crystal-Meth-Dealern, Autohändlern und mafiösen Gruppierungen gelangten, kennen nur er und seine Kameliendame. Als der Richter ihn fragt, ob sie im mittleren fünfstelligen Bereich liege, senkt Rolf Vogelsang den Kopf. Er sei, sagt er nach langem Schweigen, »wirtschaftlich, seelisch und körperlich am Ende«.

Ende 2014 gehen ihm die Augen auf. Rolf Vogelsang geht zur Polizei und erstattet Anzeige gegen Hani. Akribisch listet er nun die Betrügereien auf, die an ihm begangen wurden. Er fühlt sich zerschmettert. Er ist maßlos enttäuscht über den, wie er es empfindet, Liebesverrat von Hani. Will er sich rächen und sie deshalb vor Gericht bringen? Oder malt er sich aus, der Zugriff der Justiz sei das letzte Mittel, um sie vom Straßenstrich zu lösen? Im gleichen Zeitraum besucht er eine Drogenberatungsstelle der Caritas, um sich zu erkundigen, wie einem Straßenmädchen, das möglicherweise von Crystal Meth abhängig sei, geholfen werden könne.

Hanis letzte SMS-Nachricht erreicht ihn im Februar 2015, sie lautet: »Rolf, du bist ein Idiot, aber ein netter Idiot.« Eineinhalb Jahre später begegnet er ihr im Gerichtssaal wieder.

Aufgefordert, ihre Beziehung zu Rolf Vogelsang zu beschreiben, zuckt die in einem langen, folkloristisch bestickten Kleid erschienene Angeklagte die Schultern. »Aber Sie kennen den Zeugen doch, oder?«, drängt der Richter. »Ja, schon«, antwortet Hani unwillig. Er sei ein Zufallsbekannter von der Straße. Er habe sich jahrelang ungefragt in ihr Leben eingemischt und sich nicht abschütteln lassen. Sie habe keine Ahnung, was er von ihr wollte. Ab und zu habe er ihr Geld aufgedrängt. Das sei ja nicht verboten. Wegen Betrug wird sie zu zehn Monaten auf Bewährung verurteilt.

Das Urteil fällt an einem Freitag. Am gleichen Tag kann Hani die Untersuchungshaft verlassen. Am Montag darauf erscheint Rolf Vogelsang erneut als Zeuge vor Gericht. Nun in dem Prozess gegen Dimitrov Hanev, dessen Verfahren abgetrennt wurde und weiterläuft. Wann, fragt der Richter, er denn Hanka Draganova, die Komplizin des Angeklagten, zum letzten Mal gesehen habe? »Am Samstag.« – »Diesen Samstag?« – »Ja« – »Also vor zwei Tagen?« Für Sekunden herrscht im Gerichtssaal vollkommene Stille.

Als die Nachricht, Hani sei frei und in der Wohnung eines bulgarischen Freundes untergekommen, zu Rolf Vogelsang durchdringt, macht er sich am Samstagabend sofort auf den Weg. Er klingelt an der Wohnungstür des Bulgaren, er hämmert an die Tür, bis sie sich endlich einen Spaltbreit öffnet. Der Bulgare will ihn nicht hereinlassen und richtet ihm aus, Hani sei unter der Dusche. Er solle verdammt noch mal abhauen und sie endlich in Ruhe lassen. »Hani!«, ruft Rolf Vogelsang flehentlich in die Wohnung, »nimm doch wenigstens die Blumen!«

In den Jahren, die dem Prozess folgten, hat das Rotlichtviertel um die Potsdamer Straße ein anderes Gesicht angenommen. Der Protest der Anwohner hat sich erübrigt, nicht durch die Macht der Gesetze, sondern durch die der Gentrifizierung. Die Eckkneipe, in der Rolf Vogelsang einst seine Obsttüten für Hani abgab, ist einem Wohnkomplex der Luxusklasse gewichen. Entlang der Potsdamer Straße haben sich Modeateliers, Galerien und Gourmetrestaurants niedergelassen. Die Zahl der Prostituierten, die sich noch vor ein paar Jahren auf den Trottoirs so eng wie im Spalier eines Balletts drängten, hat sich merklich verringert.

Vorwärtspanik

Kauern in einem geschlossenen Raum, der sich immer weiter verengt. Die Decke senkt sich, die Wände rücken heran, Zentimeter trennen sie vom panisch zusammengekrümmten Körper. Es gibt keinen Ausweg. Es gibt nichts als die Angst, vollständig erdrückt zu werden.

In diesem immerwährenden Albtraum muss sich Gideon Schneider befunden haben, als er in der Nacht vom 23. auf den 24. November 2016 seinen schwerkranken Lebenspartner Jörn Ewald umbrachte und anschließend versuchte, sich selbst das Leben zu nehmen. Die Idee, ihrer elenden Lage so zu entkommen, war nicht neu. Schon im Sommer hatten sie vage darüber gesprochen. Jörn Ewald konnte nur noch mühsam sprechen, sich nicht mehr allein anziehen, nicht mehr allein zur Toilette gehen. Gideon Schneider hatte verschiedene Varianten vorgeschlagen. Schlaftabletten? Die Schweiz? Jörn Ewald hatte genickt und »jetzt noch nicht« gesagt. Entscheide du, könnte damit gemeint gewesen sein, ob und wann es sein muss. Dass Gideon Schneider die Entscheidung ausgerechnet in dem Moment traf, da sich der Raum einen Spaltbreit zu öffnen versprach, wirkt auf den ersten Blick widersinnig.

Acht Jahre zuvor war Jörn Ewald an Prostatakrebs erkrankt. Nichts, sagten die Ärzte, was die moderne Medizin nicht heilen könne. Aber er erholt sich nicht nach der Operation, im Gegenteil. Gleichgewichtsstörungen, Schluckbeschwerden und Depressionen stellen sich ein. Am Ende einer Odyssee durch neurologische Arztpraxen und Kliniken wird im Mai 2015 eine besonders schnell voranschreitende Form von Parkinson diagnostiziert. Die Lebenserwartung von Jörn Ewald liegt im besten Fall bei zwei Jahren. Sie werden, weiß das Paar, in der unaufhaltsamen Zerrüttung von Körper und Geist verlaufen.

»Schieb mich nicht ab«, fleht Jörn den Partner an. Das verhängnisvolle Versprechen, das dieser gibt, das Versprechen, den Kranken bis zum Ende allein zu pflegen, verdammt Gideon Schneider nicht nur zu einer uneinlösbaren Überanstrengung. Immer mehr verdammt es ihn auch zu sozialer Isolation. Jörn will keine Bekannten mehr treffen, niemand außer Gideon sehen und an sich heranlassen. Richtige Freundschaften hat das Paar ohnehin nicht. »Mein Leben«, erklärt Gideon Schneider dem Gericht, »bestand darin, an seinem Bett zu sitzen und auf Zurufe zu warten.«

Es ist ein Leben auf dem Planeten Krankheit, den nur zwei Menschen bewohnen. Zwei Gefangene einer fatalen Logik ihrer Zweisamkeit. Je rabiater die Tragödie nach ihr greift, desto stärker verwandelt sie sich in eine Symbiose, die keinerlei Außenwelt mehr zulässt. Die beiden Männer haben, als die Tragödie hereinbricht, fünfzig innige und sehr glückliche Jahre miteinander verbracht. Sie münden in einer Anklage wegen Totschlags gegen den 71-jährigen pensionierten Bankangestellten Gideon Schneider.

Schweren Herzens beschließt das Paar im August 2015, seine Eigentumswohnung aufzugeben und in ein Zweizimmerappartement einer Seniorenresidenz zu ziehen. Ein Schritt, der schwierig ist für viele alte Menschen. Sie wissen, dass sie sich ab jetzt auf dem Vorposten des Friedhofs befinden, dass es ihr letzter Umzug ist. Aber nicht vielen dürfte die Trennung von Möbeln, sorgsam gepflegten Balkonpflanzen, blank geputzten Pfannensets, überzähligen Teekannen, Sammeltassen, Sektgläsern, Wolldecken, Handtüchern, Kissen, Kunstbänden, Reiseführern und Koffern so existenzbedrohend erschienen sein wie diesen beiden.

Sie hatten sich ihre Wohnung nicht nur lange erspart und viele Jahre in ihr gelebt. Sie hatten sich hinter dem Klingelschild, auf dem nur ihre Nachnamen standen, ein Refugium geschaffen, das sie gegen Ressentiments schützen sollte und das nur wenige Besucher betraten. Sie mieden den Kontakt mit Nachbarn, sie wollten nicht als die Schwulen aus dem dritten Stock ins Gerede kommen.

Mitte der Sechzigerjahre hatten sie sich in einer Berliner Homosexuellenbar kennengelernt, dem damals berühmten *Kleist-Casino* in Berlin. Die Zeit, in der ein deutscher Außenminister auf Staatsreisen von seinem Ehemann begleitet würde, lag in weiter Ferne. Noch gab es den Paragraf 175 des Strafgesetzbuches. Noch galten Polizeirazzien in Nachtlokalen keineswegs nur dem Verdacht auf Drogenkonsum, sondern auch dem auf gleichgeschlechtlichen Sex. Gideon Schneider und Jörn Ewald verliebten sich im Schatten der Kriminalisierung, die auf nichts anderes als die Intimsphäre ihrer Liebe zielte. Der Reflex, sie abzuschirmen, war eine Selbstverständlichkeit ihres Paarlebens, die sie auch über die Liberalisierung der Gesellschaft und die Abschaffung des Paragrafen 175 im Jahr 1994 beibehielten. Es könnte erklären, weshalb es für sie so unvorstellbar war, ihre Intimsphäre der Pflege fremder Hände zu überlassen.

Mit der politischen Verve der Schwulenbewegung und der Freizügigkeit schwuler Bohemekultur hatten sie nichts zu tun. Nie wären sie auf die Idee gekommen, bei den Umzügen des Christopher Street Day mitzulaufen. Sie waren nicht bekennende Homosexuelle wie der Filmemacher Rosa von Praunheim oder der Schriftsteller Hubert Fichte, der in seinen Büchern das *Kleist-Casino* als Insel erotischer Abenteuer feiert. Sie waren ein Bankangestellter und ein Labortechniker, die einen bürgerlichen Lebensstil pflegten, ihre Ersparnisse risikoarm anlegten, sich beim Lösen von Kreuzworträtseln gegenseitig zu übertreffen suchten, ihre Reisen nach Kanada, Thailand und in die USA monatelang planten. Für jede Reise legten sie ein eigenes Fotoalbum an.

Die beiden einzigen Menschen, mit denen sie nach dem Umzug ins Seniorenheim noch in Verbindung stehen, sind das Paar, an das sie ihre Wohnung verkauft haben, ein Arzt und eine Ärztin. Es sind zugleich die Einzigen, die erfassen, dass Gideon Schneider am Ende seiner Kraft ist. Viermal in der Nacht weckt Jörn ihn mit einer Klingel, weil er zur Toilette muss. Viermal hievt er den Kranken aus dem Bett, bringt ihn ins Badezimmer, hievt ihn wieder hoch, wäscht ihn und manövriert ihn zurück ins Bett. Monatelang geht das so. Bis es eben nicht mehr geht. Halbherzig willigen Gideon Schneider und Jörn Ewald ein, dass der Pflegedienst der Seniorenresidenz, bei dem der befreundete Arzt Alarm geschlagen hat, wenigstens die Nächte übernimmt.

Am Morgen des 22. November 2016, einem Dienstag, erscheinen die Leiterin des Pflegedienstes, eine Krankenschwester und ein Hilfspfleger zum Gespräch im Appartement, auch der Arzt ist anwesend. Jörn Ewald sitzt unbeteiligt und apathisch in einem Sessel. Gideon Schneider wirkt erregt, flattrig, aufgewühlt. Jetzt werde es doch auch für ihn leichter, versuchen die anderen ihn zu beruhigen. Den tieferen Grund seiner Panik und seiner moralischen Zerrissenheit erkennen sie nicht. Ohne Hilfe, das weiß er, kann er keinen einzigen Tag weitermachen. Mit ihr aber glaubt er, die Liebe seines Lebens zu verraten, indem er sein Versprechen bricht. Denn was nicht sein darf, die Auslieferung des Kranken an Fremde, steht nun bevor. »Ich wusste«, sagt Gideon Schneider vor Gericht, »dass Jörn so nicht leben wollte.«

Am darauffolgenden Donnerstag soll um 12:30 Uhr ein Toilettenstuhl in das Appartement gebracht werden, der die nächtlichen Prozeduren verkürzt. Gideon Schneider muss diesen Termin nicht als ersten Schritt der Erleichterung empfunden haben, der ihn ein wenig aufatmen lässt. Sondern als jenen Endpunkt, an dem sich der Albtraum erfüllt. »Ich wollte meinen geliebten Jörn ganz sanft von seinem Leiden erlösen.« Es wird alles andere als sanft.

Am Mittwochabend gibt er Jörn drei Schlaftabletten, nicht eine wie sonst. Er wartet, bis Jörn eingeschlafen ist, geht in sein Zimmer und legt sich angezogen aufs Bett.

Irgendwann in der Nacht steht er auf. Er wisse nicht mehr, sagt er vor Gericht, wie lange er am Bett von Jörn stand, bis er ein Kissen nahm und es auf das Gesicht des Schlafenden drückte. Bis hierhin erinnert die Szene an den Film *Liebe* von Michael Haneke, in dem ein alter Mann seine schwer demente Frau mit einem Kissen erstickt, um ihr die letzte qualvolle Strecke des Siechtums zu ersparen. Ihr Oberkörper bäumt sich kurz auf, dann ist es vorbei. Ähnlich mag sich der Vorgang in der Fantasie von Gideon Schneider abgespielt haben, aber es kommt anders.

Jörn Ewald erwacht. Er wehrt sich, so gut er kann. Er schreit und fleht, Gideon möge von ihm ablassen. Was nun geschieht, muss man sich als grauenvolles Gemetzel vorstellen. Gideon Schneider holt ein Messer und beginnt, auf den Hals des Kranken einzustechen. Der Obduktionsbericht wird Abwehrverletzungen an Armen und Händen des Opfers dokumentieren. Zwei Mal rammt Gideon Schneider das Messer in Jörns Oberkörper. So tief, dass es bis zur Bauchhöhle eindringt. Schließlich holt er eine Plastiktüte und zieht sie dem Blutüberströmten über den Kopf. Jörn Ewald stirbt binnen Minuten.

Dann umarmt Gideon Schneider den Toten und legt ihm sein Lieblingskuscheltier in den Arm. Er geht in sein Zimmer, öffnet den Computer und schreibt eine Mail an den befreundeten Arzt, in der er die Tat erklärt. Anschließend verfasst er ein handschriftliches Testament, in dem er das Arztehepaar als einzige Erben einsetzt. Die verzweifelte Brutalität, mit er seinen Partner gerade getötet hat, wendet er nun gegen sich selbst. Er schluckt ein halbes Röhrchen Schlaftabletten, verklebt sich den Mund mit einem doppelseitigen Klebeband, das er am Abend zuvor bereitgelegt hat, damit seine Schmerzensschreie nicht zu hören sind. Ziellos fährt er mit der Klinge eines Messers über die Innenseite seiner Handgelenke.

Als das Seniorenpaar am Morgen nicht zum Frühstück erscheint und auch um 12:30 Uhr nicht öffnet, verschaffen sich die Krankenschwester und der Hilfspfleger mit einem Generalschlüssel Zugang zum Appartement. Sie finden den massakrierten Jörn Ewald in einem Blutbad, Gideon Schneider ist bewusstlos, aber noch am Leben. Zwei Tage später wird er im Krankenhaus verhaftet, ein Dreivierteljahr später sitzt er auf der Anklagebank. Ein abgemagerter Mann, der den Eindruck macht, seine Fragilität ließe ihn schon beim kleinsten Luftzug zusammenbrechen. Zudem ist Gideon Schneider schwerhörig.

Dies und sein zittriger Zustand haben ihn bewogen, sich mit einer schriftlichen Erklärung einzulassen. Er beginnt, sie zu verlesen. Schon bei der Schilderung, wie er und Jörn sich im *Kleist-Casino* begegneten und beim ersten Blick ineinander verliebten, versagt ihm die Stimme. Für Momente ist im Gerichtssaal nur gepresstes Schluchzen zu hören. Sein Verteidiger beugt sich zu ihm, zieht das Blatt Papier unter seinen Händen weg und liest für ihn weiter. Mit keiner Silbe versucht Gideon Schneider, sein Tatmotiv zu relativieren oder zu jenem umzudeuten, welches der Gesetzgeber Tötung auf Verlangen nennt. Aber so entschlossen er auch ist, die Verantwortung ausschließlich und allein zu übernehmen, so unfassbar ist ihm auch dessen Ungeheuerlichkeit. Als verstünde er nicht wirklich, dass er es ist, der den Menschen, der ihm das Teuerste auf der Welt war, abschlachtete. Als vernehme Dr. Jekyll ungläubig, was er als Mr Hyde verbrochen hat.

In seiner Sicht auf das Drama gibt es einen blinden Fleck. Es ist die eigene Wut. Ohne sie ist die Gewalt, die sich in der Nacht vom 23. auf den 24. November 2016 in dem Seniorenappartement entlud, schwer zu erklären. Gideon Schneider opferte sich für seinen Partner in einem übermenschlichen Maße auf. Diese Selbstaufopferung aber entsprang einer nicht minder maßlosen Selbstverpflichtung, über das Leben des Kranken bestimmen zu müssen und auch zu dürfen. Hinter seinem vierundzwanzigstündigen Mitleiden wucherten Aggressionen, die zu erkennen sich Gideon Schneider verbot. In seiner schriftlichen Erklärung gibt es den seltsamen Satz: »Es kam mir so vor, als würde ich mit der bösartigen Krankheit von Jörn kämpfen.« Tatsächlich kämpfte er mit dem Messer gegen einen Menschen, der sich verzweifelt wehrte.

Den Abgrund, an den sich der Satz herantastet, fürchten wohl viele, die mit gebrechlichen, in ihrem Leiden womöglich unentwegt klagenden Menschen zu tun haben. Zwei Drittel der drei Millionen Pflegebedürftigen Deutschlands werden von Familienangehörigen versorgt. Rechtsmediziner gehen von einer erheblichen Dunkelziffer spurenarmer Tötungen von Menschen aus, die sich im letzten Lebensstadium befinden. Die vollständige Wehrlosigkeit der Opfer trifft auf das Gefühl vollständiger Ausweglosigkeit bei den Tätern.

Um zu beschreiben, was in Gideon Schneider vorging, als er Jörn Ewald tötete, wählt der psychiatrische Gutachter einen Vergleich aus der Militärpsychologie: die Vorwärtspanik. So nenne man, sagt er, jenes Verhalten von Soldaten, die gerade in der größten Todesangst aus dem Schützengraben heraus in die Arme des Feindes stürmen.

Niemand, nicht einmal der Verteidiger von Gideon Schneider, erhebt gegen die Seniorenresidenz den Vorwurf, sie habe die heikle Situation des Männerpaares ignoriert. Suspekt macht sich die Einrichtung selbst, indem sie sich von dem Prozess fernhält. Der Hilfspfleger und die Krankenschwester lassen sich mit psychologischen Attesten entschuldigen, die ihnen eine posttraumatische Belastungsstörung bescheinigen. Dass eine Krankenschwester mit dreißigjähriger Berufserfahrung vom Anblick eines Toten in seinem blutigen Bettzeug so tief verstört sein soll, dass sie über ein halbes Jahr später im Gerichtssaal nicht davon berichten kann, findet auch der Richter verwunderlich. Der Leiter der Seniorenresidenz lässt ausrichten, er müsse die »persönlichen Daten seiner Mitarbeiter und der Bewohner schützen«.

In ihren Plädoyers sind sich die Staatsanwältin und der Verteidiger einig, die Tat von Gideon Schneider als »minder schweren Fall des Totschlags« einzuordnen. Der Strafrahmen liegt in diesem Fall zwischen einem und zehn Jahren Freiheitsstrafe. Die Staatsanwältin beantragt drei Jahre, der Verteidiger plädiert für eine Bewährungsstrafe. Ihre Obergrenze beträgt zwei Jahre. Er könne sich vorstellen, sagt der Verteidiger, dass das Gericht befürchte, mit einem milden Urteil ein missverständliches Signal zu setzen. Nach dem Motto: Wenn einer mit Bewährung davonkommt, kann Totschlag nicht so schlimm sein.

Diese Befürchtung hat der Vorsitzende Richter nicht. In

seinem imposant runden Schädel waltet ein unabhängiger Geist. Gideon Schneider wird zu zwei Jahren verurteilt, er kann den Gerichtssaal als freier Mann auf Bewährung verlassen. Fast mehr als das Urteil scheint es ihn zu erleichtern, dass es in Gestalt von Richtern und Anwälten Menschen gibt, die seinen Albtraum nachvollziehen können. Er kehrt in die Seniorenresidenz zurück. Er wohnt nun in einem anderen Flügel des Gebäudes, in einem Einzelappartement.

Außer Kontrolle

Max Münzer und Bernhard Rieger hätten sich auch auf einer Baustelle begegnen können, vor zehn oder fünfzehn Jahren. Sie hätten morgens ein paar Sätze über das Fußballspiel gewechselt, das am Abend zuvor im Fernsehen übertragen worden war, und sich dann an die Arbeit gemacht. Der Heizungsinstallateur Münzer wäre in den Keller des Neubaus gegangen, der Dachklempner Rieger auf den First geklettert. In der Mittagspause hätten sie sich auf Kisten gesetzt, Mettbrötchen verzehrt und vielleicht über den jungen Architekten gespöttelt, der ein paar ganz normale Balken »Holzsituation« nennt. Nach Feierabend wären sie friedlich auseinandergegangen.

Enger wäre der Kontakt wohl kaum geworden. Die Kommunikationsstile der zwei Männer sind zu unterschiedlich. Max Münzer verknappt Sätze auf ihr grammatisches und inhaltliches Minimum. Wenn er mitteilen möchte, dass er in seiner Jugend ein begeisterter Fußballspieler war, macht er das mit der Schrumpfformulierung »früher, Linksaußen«. Bernhard Rieger hingegen quasselt ins Uferlose. Wer ihn nach seiner Postadresse fragt, erfährt auch gleich, wer neben, unter und über ihm wohnt, wer jüngst in die dritte Etage des Hauses einzog und von welcher Firma der Möbeltransporter geliehen war, die halsabschneiderische Preise hat.

Max Münzer presst sich Worte ab, aus Bernhard Rieger stürzen die Wortfontänen nur so heraus. Beides scheint die Auswirkung von innerem Druck zu sein.

Aber sie begegneten sich nicht auf einer Baustelle, sondern in einem Waggon der Berliner S-Bahn, am 5. November 2014. Ihre Handwerksberufe üben beide nicht mehr aus. Der 64-jährige Bernhard Rieger ist in Rente, der 43-jährige Max Münzer schlägt sich als Fahrkartenkontrolleur durchs Leben. Die Installationsfirma, bei der er zuletzt beschäftigt war, ging in Konkurs, bei einer anderen kam er nicht unter.

An diesem Tag ist er der Chef eines dreiköpfigen Kontrollteams. Es ist später Vormittag, 10:45 Uhr, als er an der Haltestelle Friedrichstraße mit zwei Kolleginnen in den Waggon steigt, in dem Bernhard Rieger sitzt. Sie tragen straßentypische Durchschnittskleidung, die ihre Funktion nicht sofort erkennen und Schwarzfahrer nicht auf die Idee kommen lässt, im letzten Moment nach draußen zu stürmen. Die Türen schließen sich, die S-Bahn fährt an. »Fahrkartenkontrolle«, ruft Max Münzer im scharfen Ton durch den Waggon. Jeder kennt die Schrecksekunde und die geduckte Beklommenheit, die der Ansage folgt. Jeder kramt hastig in seiner Tasche und holt den Fahrschein, die Monatskarte oder das Handy heraus, oder versucht sich unsichtbar zu machen, wenn er keinen hat.

Ein Teil des Jobs von Max Münzer, der früher Heizungen eingebaut hat, besteht darin, mit seinem Auftritt die

Atmosphäre um ihn herum zu vereisen. Ein anderer Teil darin, unentwegt mit Menschen konfrontiert zu sein, die ihm bestenfalls Gleichgültigkeit und nicht selten Verachtung entgegenbringen. In der Hierarchie der öffentlichen Ordnungshüter stehen Fahrkartenkontrolleure ganz unten. Ihr Prestige ist das von Losern, die es nicht zu einem anspruchsvolleren Beruf geschafft haben und sich nun als Cops aufspielen. Was sie können müssen, lässt sich in einem vierwöchigen Seminar erlernen. Und was sie lernen, ist in erster Linie die Fähigkeit, lange Diskussionen, wirre Ausreden und absurde Schwarzfahrerstorys an sich abprallen zu lassen und keine noch so herzzerreißende Ausnahme von der Regel durchgehen zu lassen.

Wahrscheinlich gelingt dies nur mit einer guten Portion Gegenverachtung für die verängstigten oder quasselnden Leute in den S-Bahnwaggons, von denen ja nicht mehr verlangt wird, als ein kleines Stück Papier oder das Handy in die Höhe zu halten.

Die Kontrolleure verteilen sich im Waggon. Mit Max Münzer ist an diesem Tag die junge Sandra Menzel im Einsatz. Sie kontrolliert die Sitzreihe, in der sich Bernhard Rieger befindet. Er lässt sich Zeit, wühlt in sämtlichen Innen- und Außentaschen seines Anoraks, öffnet seinen Rucksack und wühlt weiter, bis er schließlich einen Fahrschein herausholt und Sandra Menzel so hinhält, dass sie sich nach vorn beugen muss, um zu erkennen, dass er zweimal abgestempelt und somit ungültig ist. Die S-Bahn nähert sich der Station Hauptbahnhof. Sandra Menzel fordert Bernhard Rieger auf, mit ihr auszusteigen. Er poltert sofort los. Die Aussicht, von den 848 Euro seiner monatlichen Rente 40 Euro als »erhöhtes Beförderungsentgelt« einzubüßen, ist für den Rentner mehr als eine ärgerliche Alltagslappalie.

Als Max Münzer bemerkt, dass Sandra Menzel an einen querulantischen Fahrgast geraten ist, eilt er durch den Waggon zu ihr. Jetzt kommt Rieger erst richtig in Fahrt. »Diese Stasimethoden« kenne er. Aber da sei man bei ihm an der falschen Adresse. Hier müsse »mal einer mit der Kalaschnikow durchgehen«. Die S-Bahn erreicht den Hauptbahnhof, die Türen öffnen sich. Der Kontrolleur packt den Rentner am Oberarm und schiebt ihn auf den Bahnsteig von Gleis 16.

Der Innendruck der beiden Männer dürfte nun jenen Grad erreicht haben, der dem Verlauf einer Situation etwas Irrationales aufzwingt und eine Mücke zum Elefanten aufbläht. Nur so lässt sich erklären, dass die Geschichte um einen ungültigen Fahrschein zu einem Justizfall wird. Denn im Frühsommer 2016 steht Bernhard Rieger vor dem Landgericht Berlin, angeklagt wegen versuchten Totschlags. Es könnte noch schlimmer für ihn kommen. Auch der Vorwurf des versuchten Mordes sei nicht auszuschließen, mahnt der Staatsanwalt, sollte sich im Prozessverlauf das Mordkriterium der Heimtücke erweisen.

Zunächst erweist sich jedoch gar nichts. Die Aussagen des Angeklagten und der zwei Hauptzeugen fügen sich nicht zu einem Bild der Ereignisse, die sich auf dem Bahnsteig von Gleis 16 abgespielt haben sollen. Obendrein strapazieren alle drei die Geduld des Gerichts. Bernhard Rieger verläuft sich im Labyrinth seiner Endloserzählungen und kommt von einem Unrecht, das ihm in den zurückliegenden Jahrzehnten angetan wurde, zum nächsten. Vom Skandal der Mieterhöhung, die ihm kürzlich ins Haus flatterte, über die Machenschaften der Krankenkasse, die sich bis heute weigere, die Kosten für die Überkronung seiner Backenzähne links oben zu übernehmen, bis zum umfassenden Betrug, der an den Bürgern der DDR begangen wurde.

Max Münzer bündelt seine Aussage im Telegrammstil. Ob er die Situation auf dem Bahnsteig aus seiner Sicht schildern könne, fragt der Richter. »Eskalation, Polizei«, zischt Max Münzer. Ob es ein wenig ausführlicher ginge? Max Münzer schüttelt sich kurz, als müsse er eine Zumutung abwehren. »Na, Eskalation eben, Polizei.« Sandra Menzel kann sich zu kaum einem verständlichen Satz durchringen. Sie rutscht auf dem Stuhl herum, nuschelt vor sich hin, kichert verlegen und nickt stumm, wenn sie gebeten wird, eine Frage zu beantworten.

Als gesicherte Schnittmenge der drei Schilderungen ergibt sich Folgendes: Auf dem Bahnsteig übergibt der Rentner Rieger widerwillig seinen Personalausweis dem Kontrolleur Münzer. Dieser steht ihm gegenüber, mit dem Rücken zum Gleisbett. Er schaut nach unten und tippt in sein elektronisches Kontrollgerät. Sandra Menzel steht seitlich abgerückt. Plötzlich macht Bernhard Rieger einen Schritt nach vorn. »Warum?«, fragt der Vorsitzende Richter. »Na, ich wollte mich vorbeugen. Ich wollte schauen, ob die nächste S-Bahn kommt. Ich hatte es eilig, ich kann ja nicht stundenlang rumstehen, weil da irgendwelche Leute nach meinen Sachen grapschen.«

Weshalb hatte er es eilig? Weitschweifig berichtet Bernhard Rieger seinen Tagesablauf vom 5. November 2014, beginnend mit dem Morgenritual gymnastischer Übungen auf dem Balkon und der Befüllung seines Rucksacks mit Tupperdosen. Er habe ja seiner Lebensgefährtin ein paar vorgekochte Mahlzeiten bringen wollen. Dies sei das Ziel seiner Fahrt gewesen. Die Lebensgefährtin habe nämlich unter den Folgen eine Chemotherapie gelitten und sei bis heute auf seine Unterstützung angewiesen. Apropos Chemotherapie: Die Krankenkasse, bei der sie versichert sei, habe die gleichen Tricks angewandt wie seinerzeit die Kasse, die ihm die Kronen seiner Backenzähne ….

»Also gut«, unterbricht der Richter die um immer neue Ecken abbiegende Erzählung, »als Sie auf dem Bahnsteig den Schritt nach vorn machten, haben Sie da auch einen Arm in Richtung von Herrn Münzer ausgestreckt?« Vielleicht, sagt Bernhard Rieger, habe er unwillkürlich ein bisschen mit der Hand geschlenkert. »Mehr ist da nicht passiert.«

Ab nun widersprechen sich die Versionen. Aus Sicht von Sandra Menzel – so schilderte sie es der Polizei – stieß Bernhard Rieger mit dem ausgestreckten Arm nach Max Münzer, um ihn vor die gerade einfahrende S-Bahn zu schubsen. Sie habe noch »Pass auf!« gerufen und gleichzeitig versucht, den Angriff des Rentners abzuwehren. »Können Sie uns das mal zeigen?«, fragt der Richter.

Vor die Aufgabe gestellt, sich in einem Gerichtssaal zu erheben und eine kleine Pantomime darzubieten, zieht sich Sandra Menzel wie ein Igel zusammen. »Sie können es ja im Sitzen machen«, bietet der Richter an, und Sandra Menzel demonstriert, wie sie mit dem Arm von unten gegen den Arm von Bernhard Rieger fuhr, um seinen Hieb ins Leere zu lenken. Wie weit standen Rentner und Kontrolleur auseinander? Wie weit war dieser vom Gleisbett entfernt? Die Hauptzeugin Menzel vermag es nicht zu sagen.

Niemand außer ihr hat den Vorfall wahrgenommen. Ausgerechnet die Stelle, an der er sich ereignet haben soll, liegt in einem toten Winkel der Überwachungskameras. Der Angeklagte Rieger nennt die Version von Sandra Menzel »totalen Blödsinn«. Max Münzer kann aus eigener Anschauung nichts beitragen, sein Blick war nach unten auf das elektronische Gerät gerichtet. Dennoch hat er keinerlei Zweifel am Gewaltausbruch des Rentners. Er kennt das Schwarzfahrervolk, »immer so«.

»Wie meinen Sie das?«, fragt der Richter. Max Münzer zuckt die Schultern. »Immer so. Eskalation.« Ob er schildern könne, wie er das Verhalten von Bernhard Rieger empfunden habe? Der Kontrolleur schweigt. Ob er keine Lust hat, auf die Frage einzugehen, oder nach der kürzestmöglichen Antwort sucht, lässt sich an seiner starren Miene nicht ablesen. »So grundaggressiv«, bringt er schließlich hervor. Sollte man seine Verbissenheit und seinen schneidenden Tonfall in einem Wort zusammenfassen, wäre dies vielleicht: so grundfeindselig.

Als Max Münzer von der Kollegin Sandra Menzel erfährt, dass er knapp einem Unfall, wenn nicht dem Tod entronnen sei, alarmiert er den Überwachungsdienst von Gleis 16. Dieser wiederum alarmiert die zuständige Landespolizei. Zwei Beamte eilen von der Bahnhofswache zu Gleis 16. Sie eröffnen Bernhard Rieger, er stehe im Verdacht eines versuchten Körperdelikts, und der Rentner hat nichts Besseres zu tun, als sich um Kopf und Kragen zu brüllen. »Der sollte mal im Rollstuhl sitzen!«, schreit er über den Bahnsteig, »da hat er Zeit, über seine Stasimethoden nachzudenken!« Er blafft den Satz selbst dann noch heraus, als die Polizisten ihn in Gewahrsam genommen haben.

Wie ist der Satz juristisch zu werten? Als Beleg für die Tatabsicht des Rentners? Oder lediglich als cholerische Reaktion? Dass Zurückhaltung in den rhetorischen Gewohnheiten des Bernhard Rieger keine nennenswerte Rolle spielt, wird auch dem Gericht schnell klar.

Wer den Prozess verfolgt, stellt sich jedoch noch eine Frage. Wo waren all die anderen, die Mitpassagiere im S-Bahnwaggon? Die Gelassenen und Einlenkenden, die mitbekamen, dass in ihrer Nähe die Stichflamme der Aggression hochschoss, und versuchten, sie mit einer freundlichen Bemerkung oder einem kleinen Witz herunterzudrehen? Der Waggon dürfte an diesem Tag gut besetzt gewesen sein. Im November 2014 streikte die Bahngewerkschaft GDL, auch der Berliner S-Bahnverkehr war von dem Streik betroffen und fuhr unregelmäßig. Jeder war froh, einen Zug zu erwischen, und offensichtlich niemand geneigt, sich in die Auseinandersetzung zwischen einem ausgeflippten Rentner und einem gepanzerten Kontrolleur einzumischen.

Sie hätten sich auch ein paar Monate zuvor in einem S-Bahnwaggon begegnen können, beispielsweise in der ersten Juliwoche 2014. Sie wären die Gleichen gewesen, aber das Klima um sie herum ein anderes. In Brasilien war Fußballweltmeisterschaft. Die deutsche Mannschaft spielte nicht nur erfreulich gut, sie erwarb sich darüber hinaus das Image einer lässigen Truppe, die nicht dröhnend triumphiert, wenn sie gewinnt. Dieses Image wirkte zurück ins Heimatland. Und dort wurde auch der Erfolg gefeiert, von der Welt für Eigenschaften gemocht zu werden, die nicht gerade als urdeutsch gelten, Lockerheit, Unverkrampftheit, ausgelassene Spielfreude.

Dies wäre das Klima gewesen, in dem ein Rentner im S-Bahnwaggon mit Beleidigungen um sich wirft und ein zwanzig Jahre jüngerer, körperlich überlegener Kontrolleur ihn harsch am Oberarm packt. »Nun machen Sie doch mal halblang«, hätte ein Fahrgast gerufen. Ein paar andere hätten zugestimmt: »Sportsfreunde, geht's vielleicht bisschen netter?« Je mehr öffentlichen Raum die Mehrheit der Gelassenen für sich beansprucht, desto enger wird es für die Minderheit der Uraggressiven und Urfeindseligen.

Aber im November 2014 hatte sich die allgemeine Stimmungslage bereits wieder verdüstert. Der Bahnstreik zerrte an den Nerven, und in Dresden formierte sich eine Bewegung, die sich kurz darauf PEGIDA nannte und deren Überrumpelungseffekt auch auf ihrer aggressiven Vulgarität beruhte. Natürlich hat der Vorfall um Max Münzer und Bernhard Rieger nicht das Geringste mit Politik zu tun, nicht konkret. Aber er vollzog sich nicht im luftleeren Raum, sondern in einer politischen Stimmungslage, die dem Wort Hass zu einer beängstigenden Konjunktur verhalf. Es gab in diesem Herbst kaum eine Schlagzeile, kaum einen Leitartikel oder eine Talkshow, in der nicht von Hass die Rede gewesen wäre.

Der Prozess gegen Bernhard Rieger beginnt an einem Montag. Am Sonntag zuvor wird der damalige Justizminister Heiko Maas in Zwickau von einer brüllenden Meute vom Podium gejagt. Vor Fernsehkameras spricht er von »nacktem Hass«, der ihm entgegengeschlagen sei. Am Dienstag danach beginnt in Berlin die re:publica, und das Thema der Konferenz lautet »hate speech im Internet«.

Hass zwischen Menschen, die sich nicht kennen, kann nur unter der Bedingung entstehen, im anderen nicht die Person, sondern den Stellvertreter einer verhassten Struktur zu sehen. Und diese Bedingung dürfte die Konfrontation von Max Münzer und Bernhard Rieger am 5. November 2014 erfüllt haben. Der Rentner sah im Kontrolleur den Stellvertreter jener Obrigkeit, die schon zu DDR-Zeiten sein Leben erdrückte, der Kontrolleur im Rentner einen Stellvertreter jener Fahrgastfront, die nichts anderes vorhatte, als ihn zu drangsalieren.

Noch vor dem Ende der Beweisaufnahme können sich der Staatsanwalt, der Pflichtverteidiger von Bernhard Rieger und das Gericht darauf einigen, eine Anklage wegen versuchten Mordes erst gar nicht in Erwägung zu ziehen. Auch die Anklage wegen versuchten Totschlags lässt der Staatsanwalt im Schlussplädoyer fallen. Er fordert ein Jahr und neun Monate wegen vorsätzlicher schwerer Körperverletzung. Das Gericht kann allerdings keine Körperverletzung erkennen und spricht den Rentner, der sich mit seiner verbalen Explosivität schon viele Probleme, aber keine einzige Vorstrafe eingehandelt hat, vom Vorwurf eines Körperdelikts frei. Wegen Bedrohung und Beleidigung wird er zu 120 Tagessätzen von je 28 Euro verurteilt.

Ob er sich, wie es jedem Angeklagten am Prozessende zusteht, dazu äußern möchte?

Und ob er möchte. Bernhard Rieger rattert los. In rasendem Tempo listet er sämtliche Kosten auf, die jeden Monat von seiner Rente abgehen, und kommt noch einmal auf »die Gangster von der Krankenkasse« zu sprechen. Zur Schweinerei mit der Zahnkrone käme nämlich noch die seines neuen Brillengestells. Er ist nicht erleichtert über das milde Urteil, er ist in Rage. »Eure 120 Tage sitze ich auf einer Arschbacke im Knast ab!«, ruft er von der Tür aus in den Gerichtssaal, bevor er ihn endlich verlässt. Die Bemerkung seines Verteidigers, er könne sie ja auch mit sozialer Arbeit ableisten, dringt durch seinen Redeschwall erst gar nicht an sein Ohr.

Max Münzer hingegen spricht über das Ereignis, das ihn nach seiner festen Überzeugung um ein Haar ins Grab gebracht hätte, mit keinem seiner Kollegen auch nur ein Wort. Nicht einmal mit Sandra Menzel, der vermeintlichen Retterin. Sie treffen sich am Tag danach zum Dienstantritt, verteilen sich an den Türen eines S-Bahnwaggons, steigen kurz vor der Abfahrt ein, und Max Münzer ruft mit lauter Stimme: »Fahrkartenkontrolle!«

Doch eine Leuchte

Seit je galt Bärbel Hefter als richtig dummer Mensch. Das Urteil über ihre geistigen Fähigkeiten stand schon fest, bevor Schulnoten, die allerdings, als Bärbel Hefter in die Schule kam, auch auf Anhieb miserabel waren, es begründet hätten. Bevor sie lesen, schreiben und rechnen lernte, hatte sie begriffen, dass ihr all dies schwererfallen würde als anderen. Es ging ihr, wie es Kindern mit Segelohren, Schielaugen oder karottenroten Haaren gehen kann. Haben sie oft genug erlebt, dass nichts an ihnen so stark ins Auge springt und so oft erwähnt wird, sehen sie selbst im Spiegel nur dieses eine Merkmal. Sie akzeptieren es als Schlüssel ihrer ganzen Erscheinung, dem sie irgendwann die Macht zuschreiben, der Schlüssel ihres Lebens zu sein.

Von klein auf muss Bärbel Hefter etwas seltsam Verlangsamtes, Stutzendes an sich gehabt haben. Sie stand mit Schaufel und Eimerchen vor dem Sandkasten und wusste nicht, was sie damit tun sollte. Sie rannte nicht los, wenn alle anderen rannten, als hätte sie das Startsignal nicht gehört oder wäre zu blöd, um zu begreifen, was mit dem Signal gemeint war. Sie saß in der Schulbank und reagierte nicht, wenn sie das Wort Apfel von der Tafel ablesen sollte.

Sie reagierte auch nicht, wenn sie von ihrem Wochenende oder den Sommerferien erzählen sollte, sie zuckte höchstens mit den Schultern und wartete, bis der Nächste mit dem Erzählen dran war. Und wie viel sie davon überhaupt aufnahm, war ihr dann auch nicht anzusehen.

Sie zeigte in allem ein Verhalten, das sich eben Dummheit, wenn nicht Schwachsinn nennen ließ. Sie nannte es, als sie älter war, selbst so. Bärbel Hefters Lebensformel lautete: »Ich bin kein großes Licht«. Sie sagte diesen Satz, wenn sie Männer kennenlernte. Sie sagte ihn zu ihren Kindern und zu den Lehrern ihrer Kinder, sie sagte ihn sogar, wenn sie sich als Küchenhilfe oder als Putzfrau bewarb. Ich bin kein großes Licht. So wenig sie auch sonst beanspruchte: Den Stolz, über ihr Manko Bescheid zu wissen und es nicht zu vertuschen, sondern im Gegenteil zu offenbaren, bevor es anderen überlassen blieb, am niedrigen Grad ihrer Intelligenz herumzuspekulieren, diesen kleinen Stolz wollte sie sich nicht nehmen lassen.

Ein aufmerksamer Beobachter hätte schon daran erkennen können, dass es so viel Stroh und so wenig Hirn in dem Kopf von Bärbel Hefter auch wieder nicht geben konnte.

Sie verließ die Schule ohne Abschluss. Sie sah ein, dass ihre geistigen Fähigkeiten selbst für den Traum, eine Friseurinnenausbildung zu machen, nicht ausreichen würden, und begann, in einem Supermarkt als ungelernte Hilfskraft zu arbeiten. Sie schleppte Kisten, packte Waren aus, räumte sie in Regale und putzte nach Geschäftsschluss den Laden. Mit Kunden sollte sie, maulfaul, wie sie wirkte, am besten nichts zu tun haben. Sie war nun endgültig auf die Dummheit festgelegt und sorgte selbst dafür, dass ihr Leben mit dieser Festlegung übereinstimmte.

Mit Anfang 20 bekam sie kurz hintereinander drei Kinder von drei verschiedenen Männern, die sie allesamt sitzen ließen. Natürlich wusste sie, wie sie es hätte verhindern können, sie sah von außen die Malaise. Aber innerlich war sie von einem paradoxen Ehrgeiz angetrieben, die Malaise geradezu anzusteuern, anstatt ihr auszuweichen. Es fehlte ihr nicht an Kraft oder Ehrgeiz, sie war nicht apathisch, wie es andere in ihrer Lage vielleicht gewesen wären. Nur verwendete sie ihre Kräfte darauf, sich am Unglück zu verschleißen.

Drei Tage nachdem sie 2002 den Bauarbeiter Ralf Bäthe geheiratet hatte, stand fest, was zu erahnen gewesen wäre. Sie hatte sich mit einem Tyrannen eingelassen, einem Scheusal aus dem Bilderbuch bösartiger Männlichkeit. Er saß im Fernsehsessel und brüllte, bis der Kaffee und ein Teller mit Wurstbroten vor ihm auf dem Tisch standen. Dann brüllte er, weil die falschen Wurstsorten auf den Broten und die Brote im falschen Winkel zueinander auf dem Teller lagen. Bärbel Hefter kam aus der Küche, rückte die Brote zurecht und bekam ein paar Ohrfeigen. Sie ging zurück in die Küche, wurde wieder hergebrüllt und nun richtig verprügelt, irgendeinen Grund fand Bäthe immer. Mit dem Kaffee oder mit dem Fernsehprogramm stimmte etwas nicht, die Kinder waren zu laut, und sie war als Ehefrau ohnehin ein Missgriff.

Ein Jahrzehnt hielt sie das durch. Dann ließ sie sich scheiden und zog mit den drei Kindern in eine andere Wohnung. Es war ein Neuanfang, ein vielversprechender.

Aber Bärbel Hefter hielt es für ihr Schicksal, sich vom Leben nichts zu versprechen. Sie hielt der Aussichtslosigkeit die Treue und kehrte, so irrsinnig es auch war, fünf Jahre später zu Ralf Bäthe zurück. Sie heiratete ihn sogar ein zweites Mal. Mit den zwei jüngeren Kindern und dem Mann wohnte sie nun in einer Mietwohnung im östlichen Berliner Stadtteil Marzahn. Gerd, ihr Ältester, wollte da nicht hin. Es gelang ihm, beim Jugendamt zu erwirken, dass er in einer Wohngruppe für Jugendliche unterkam. Er wollte weg von den sozial geduckten Verhältnissen, von den ganzen Festlegungen, wer dumm war und wer nicht, wer schrie und schlug und wer sich bückte und schlagen ließ.

Bärbel Hefters zweite Ehe war nicht friedlicher, eher noch schlimmer als die erste, aber sie spielte sich unter anderen Bedingungen ab. Ralf Bäthes Arbeitslosigkeit ging in die Frühverrentung über, er war nun immer zu Hause, saß den ganzen Tag mit finsterem Zorn vor dem Fernseher und wütete noch unberechenbarer und heimtückischer als zuvor. Er warf mit Geschirr um sich und pinkelte, wenn es ihm passte, mitten auf den Küchenboden, um Bärbel Hefter zu zwingen, die Lache vor seinen Augen aufzuwischen. Und doch mischte sich mit der Zeit in das despotische Gebaren ein leichter Beigeschmack des Defensiven. Die Kinder stellten sich nun vor die Mutter, sie drohten dem Stiefvater und schlugen, wenn es hart auf hart kam, sogar zurück.

Dazu kam: Es war nun Bärbel Hefter, von der die Ernährung der Familie abhing. Ihr Leben war härter denn je, sie stand nachts um drei Uhr auf, fuhr zwei Stunden mit dem Zug und begann um sechs Uhr mit der Arbeit in einer Großküche in Brandenburg. Wenn sie abends wieder zu Hause war, machte sie den Haushalt, kochte das Mittagessen für den nächsten Tag vor und ließ das Wurstbrotgebrüll und Schläge auf sich herunterdonnern. Sie alterte unnatürlich schnell. Ihre Haare, die sie nie anders getragen hatte als mit einem Haushaltsgummi im Nacken zusammengebunden, verfärbten sich vom Dunkelblond zum Aschgrau. Jedes Mal, wenn sie die Strähnen mit den Fingern teilte, fand sie mehr weiße Fäden im Grau, und sie war noch nicht einmal vierzig Jahre alt.

Bitterkeitsfalten gruben sich abwärts der Mundwinkel und zwischen den Augenbrauen in ihr Gesicht. Sie sah sich mit Schrecken im Spiegel. Sie erkannte, dass es keineswegs die Dummheit allein sein konnte, die aus ihr so ein Schattenwesen machte. Etwas verschob sich in ihrem Selbstbild, etwas knirschte. Vielleicht hieß ihre Lebensformel nun: Ich bin kein großes Licht, aber das heißt nicht, dass ich restlos verlöschen muss. Vielleicht besteht die Leistung ungenutzter, unzufriedener Intelligenz überhaupt darin: Ein Rumoren zu erzeugen, das sich nicht abstellen lässt. Wie es in Menschen rumort, die geschlechtlich in ihrem Körper nicht zu Hause sind.

An einem Abend griff Ralf Bäthe in einem besonders bösen Anfall vom Sessel aus nach einem Kofferradio, riss dabei das Kabel so ruckartig aus der Steckdose, dass sie sich aus der Wand löste, und warf das Gerät Bärbel Hefter in den Rücken. Sie stand gerade im Flur zwischen Küche und Wohnzimmer. Normalerweise hätte sie das Kofferradio genommen und in der Küche ausprobiert, ob es noch Töne von sich gab, dann den Werkzeugkasten geholt und die Steckdose repariert. Jetzt war es anders. Sie blieb stehen, bückte sich langsam und hob das Radio auf. Sie drehte sich um und warf es zu ihrem Mann zurück. Sie zielte genau, das Radio landete zu seinen Füßen, wie ein Warnschuss, den Polizisten abfeuern, bevor sie auf den Körper eines Flüchtenden schießen.

Ein paar Monate später machte es Katja, die Zweitälteste, dem älteren Bruder nach und setzte alle Hebel in Bewegung, bis sie vom Jugendamt und von der Mutter die Einwilligung erhielt, fortan in einem Heim zu wohnen. Sie ging nicht im Streit, nicht mit Vorwürfen und Anklagen. Sie argumentierte nur ruhig, sich ohne die häusliche Bedrückung besser aufs Lernen und auf die Schulaufgaben konzentrieren zu können.

Wo hatten die Kinder das her? Die Selbstsicherheit, den Weitblick, die Besonnenheit? Und wo kam eigentlich ihre Intelligenz her? Alle beide, Gerd und Katja, fielen von der ersten Schulklasse an durch hervorragende Leistungen und exzellentes Lernvermögen auf. Bärbel Hefter konnte kaum fassen, wie sie in den Sprechstunden von den Lehrern empfangen wurde. Man hielt ihr die Tür auf, wenn sie eintrat. Man rückte den Stuhl vom Tisch, wenn sie sich hinsetzte. Man sagte »Frau Hefter« und »wie schön, die Mutter von diesen Prachtkindern kennenzulernen« zu ihr. Man riet ihr dringend, die Kinder, wenn schon nicht aufs Gymnasium, dann doch wenigstens auf eine Mittelschule zu schicken. »Frau Hefter, wir wollen Sie nicht überreden, aber es wäre wirklich gut.«

Auf Gerds Zeugnissen stand neben allen Fächern immer

die gleiche Note. Deutsch, Mathematik, Englisch, Physik, Geografie, Gesellschaftskunde, Chemie, Sport: Eins. Nach der Mittelschule begann er eine kaufmännische Lehre, ein Berufschullehrer nahm ihn unter seine Fittiche, und Gerd begann, sich für die Aufnahmeprüfung an einem Abendgymnasium vorzubereiten. Er bestand sie spielend. Ein Abitur also, zum Greifen nah. Ein neues Wort, das Gerd mitbrachte, wenn er die Mutter an Sonntagnachmittagen besuchte. Ein Abitur, danach ein Hochschulstudium mit BAföG, besser noch mit einem Stipendium. Ein Erasmussemester im Ausland, das gehöre heute dazu, sagte Gerd. Bärbel Hefter hörte Begriffe und Namen, die in ihren Ohren so exotisch klangen, als würde sie, wenn sie mit ihm Kaffee trank, mit dem eigenen Sohn den asiatischen Kontinent bereisen.

Dass Kinder über ihre Eltern hinauswachsen, gilt ja als normal. Dass in ihnen ausreift, was sie als Saat mitbekommen haben, aber auch. Und Bärbel Hefter konnte sich ihre Kinder nach dieser Logik überhaupt nicht erklären. Wenn sie mitten in der Nacht zum Bahnhof ging, wenn sie erschöpft im Zug saß und im Morgengrauen in der Großküche begann, Kartoffelberge zu schälen, Gemüseberge zu putzen, Suppen in Bottichen anzurühren, fragte sie sich manchmal, was das Rätsel, dass ausgerechnet sie solche Kinder hatte, bedeuten und über sie aussagen mochte.

Sonntag für Sonntag wurde sie von Gerd und Katja bedrängt, den Mann endlich zum Teufel zu jagen und aus ihrem Leben noch etwas zu machen. Abstrakt sah sie alles ein. Die Schritte, die sie hätte unternehmen müssen, Wohnungssuche, Scheidung, Umschulung, Arbeitsvermittlung, konnte sie sich mühelos als Szenen eines Films vorstellen, aber nur mit großer Mühe sich selbst als dessen Hauptfigur. Sie klebte nicht am bürgerlichen Verheiratetsein, es war eher so, als klebte sie am Einverständnis in die Niederlage, die sie gewohnt war wie das jahrelange Verbergen blauer Flecken an den Oberarmen.

Wenn sie ihre Fantasie bemühte, sah sie sich abends von einer erfüllenden Arbeit nach Hause kommen, von niemand anderem erwartet als ihrem Jüngsten, mit dem sie ruhig plaudernd zu Abend aß. Danach brachte sie ihn ins Bett, und wenn er eingeschlafen war, legte sie sich in ein Schaumbad, auf dem Badewannenrand standen Duftkerzen und ein Glas Weißwein und ansonsten: Stille. Am Schlafzimmerschrank hing ein Kostüm bereit, das sie am nächsten Morgen anzog, um damit in ein Büro zu gehen, wo man sie achtete und ihr etwas zutraute. Nur war die Frau, die das alles erlebte, ein anderer Mensch, und die Verwandlung zu diesem stellte in Bärbels Hefter Fantasie einen blinden Fleck dar.

»Es reicht«, sagte Gerd an einem Sonntagnachmittag, »du musst jetzt was machen.« Er sah seine Mutter an und erläuterte den Satz mit einer Bewegung. Ruckartig zog er die flach ausgestreckte Hand an seiner Kehle vorbei. Eigentlich wollte er Bärbel Hefter mit dem Irrsinn der Idee, die diese Mafiageste ausdrückte, nur einen Schock versetzen. Er wollte sie wachrütteln und dazu bringen, sich aus spontaner Empörung gegen die Geste mit den näherliegenden und weniger irrsinnigen Möglichkeiten der Beendigung einer Ehe zu befreunden. Wie ein apathischer Rekonvaleszent sich leichter zu einem kleinen Parkspaziergang überreden lässt, wenn zuvor versucht wurde, ihm den Plan einer Alpenwanderung zu unterbreiten. Bärbel Hefter schaute stumm an Gerd vorbei in die Luft. Sie reagierte weder empört noch schockiert, sie reagierte eigentlich gar nicht, wie sonst auch.

In den folgenden Wochen beschäftigten sich Gerd und Katja tatsächlich mit der Möglichkeit, dem Verschwinden des Stiefvaters nachzuhelfen, wenn auch, wie sie sich zunächst gegenseitig versicherten, rein theoretisch. Sie gingen das Repertoire bekannter Mordtechniken durch, als handele es sich um einen Bestellkatalog, der zufällig ins Haus gekommen ist und herumliegt, bis irgendjemand ihn spontan zur Hand nimmt und absichtslos darin herumblättert. Die Wahrscheinlichkeit, dass aus dem Zufall ein Kauf hervorgeht, der gar nicht geplant war, ist dabei keineswegs gering.

Ein solcher Zufall stellte sich auch in der Geschichte Bärbel Hefters ein, und zwar in Gestalt eines Mädchens, das im selben Jugendheim wie Katja wohnte, gerüchteweise nicht nur Drogen konsumierte, sondern auch mit ihnen handelte. Das Mädchen, hieß es, verkaufe unter anderem Ecstasy in Tablettenform. Die Anwendung körperlicher Gewalt trauten die Geschwister ihrer Mutter nicht zu. Dass sie mit einem Messer auf den Ehemann losginge, war so wenig vorstellbar wie die Benutzung einer Schusswaffe. Ganz davon abgesehen hätten Gerd und Katja gar nicht gewusst, wie, wo und auf welchen Wegen eine solche Waffe zu besorgen gewesen wäre. Das stille, im hausfraulichen Wirtschaften wie nebenbei zu erledigende Beimischen von Gift ins Essen schien dem Wesen Bärbel

Hefters, nach der Einschätzung ihrer Kinder, am ehesten zu entsprechen.

Katja knüpfte mit der Drogendealerin vorsichtig Kontakt und erwarb bei ihr schließlich vier Tabletten Ecstasy, eine Dosis, die für tödlich zu halten war. Am Sonntag darauf übergab Gerd die weißen, in Papiertaschentücher eingewickelten Tabletten kommentarlos seiner Mutter. Bärbel Hefter nahm die Tabletten, ebenfalls kommentarlos, legte sie in eine alte Seifendose und schob diese im Badezimmerschrank ganz nach hinten. Die Gefahr, dass Ralf Bäthe sie dort hätte finden können, war gleich null. Er hatte in den ganzen Jahren mit dem Schränkchen nicht mehr zu tun gehabt, als es zu öffnen und seinen Rasierpinsel herauszunehmen, der dann eingeseift im Waschbecken liegen blieb, bis Bärbel Hefter ihn abends säuberte und zurückstellte.

Einen Monat lang ruhten die vier Tabletten in ihrem Versteck. Bärbel Hefter hatte keineswegs vor, von ihnen Gebrauch zu machen. Sie in den Müll zu werfen konnte sie sich aber auch nicht entschließen. Ab und zu dachte sie an die Tabletten, ohne ihre Gedanken in eine eindeutige Richtung zu lenken. Die Tabletten, sagte sich Bärbel Hefter, waren nun mal im Haus und würden von allein in Vergessenheit geraten, wie vieles andere auch, das sich in Schubladen ansammelte. Außerdem würden sie im Lauf der Zeit chemisch verderben und allmählich ihre Wirkung verlieren. Je länger sie wartete, desto sicherer konnte sie sein, dass die diffusen Signale, die von der Anwesenheit der vier weißen Tabletten ausgingen, ganz einfach verstummten.

Doch es kam anders. Als Bärbel Hefter an einem Abend von der Arbeit nach Hause kam, hörte sie ihren Mann schon an der Wohnungstür nach ihr brüllen. Es hörte sich an, als hätte er den ganzen Tag nichts anderes gemacht als brüllen und drohen, um die Drohungen wahr zu machen, sobald sie die Wohnungstür aufschloss. Sie hängte ihre Jacke an die Garderobe im Flur, und er brüllte. Sie ging, ohne ihn zu begrüßen, ins Badezimmer und sperrte von innen zu. Sie setzte sich auf die Toilette und hörte von draußen sein Gerumpel, er hämmerte an die Badezimmertür und schrie: »Komm raus, du blöde Sau!«

Sie zog die Hose hoch, drückte mit einer Hand die Toilettenspülung und öffnete mit der anderen das Schränkchen. Dann wusch sie sich die Hände, schaute kurz in den Spiegel, trocknete die Hände ab. Wenn sie die Badezimmertür öffnete, würde sie sich Ohrfeigen einfangen, vielleicht von Ralf Bäthes Innenhand, vielleicht von seiner schräg durchgezogenen Innenhand, was wuchtiger und schmerzhafter war.

Bärbel Hefter langte nach hinten ins Schränkchen, nahm die Seifendose heraus, öffnete sie und schob die vier eingewickelten Tabletten in ihren BH. Sie schaute noch einmal in den Spiegel, um zu überprüfen, ob sich unter ihrem Pullover eine Beule abzeichnete, dann schloss sie die Tür auf, es kam, wie es zu erwarten gewesen war, ihr Kopf wurde durch den jähen Hieb zur Seite gerissen, sie atmete tief durch, um bei Bewusstsein zu bleiben. Dann machte sie sich an die Zubereitung des Abendessens.

Eine Stunde nachdem Ralf Bäthe zwei große Tassen Kaffee mit je zwei aufgelösten Tabletten darin getrunken hatte, schlief er im Fernsehsessel ein, Bärbel Hefter kam es so vor, als würde er schwächer atmen als sonst. Als sie im Morgengrauen die Wohnung verließ, um zur Großküche in Brandenburg zu fahren, machte sie um den Sessel einen großen Bogen, wie sie es auch unter anderen Umständen vermied, den schlafenden Mann zu stören. Sie schaute auch nicht nach, ob er schlief oder tot war. Sie dachte nicht einmal das Wort tot, sie duckte sich wie in Trance unter dem Geschehen des Vorabends weg, nahm ihre Jacke von der Garderobe und ging. Bei ihrer Rückkehr am Abend war der Ehemann munter und lebendig und zu Gemeinheiten aufgelegt wie immer. Er schaute Fernsehen, verzehrte seine Wurstbrote, trank Kaffee, und das war's.

Im Lauf des Tages war Bärbel Hefter aus ihrem umwölkten Zustand erwacht, sie hatte sich die Ungeheuerlichkeit ihrer Handlung begreiflich gemacht und war nun umso erleichterter über die unerwartete Schicksalswendung, den Fehlschlag ihres Gattenmords. Es passte ja auch ins Bild. Offenbar hatte sie sich wieder einmal zu dumm angestellt. Nur sollte sich ihre Dummheit dieses Mal als Glücksfall erweisen.

Es vergehen mehrere Monate, bis plötzlich die Polizei bei Bärbel Hefter erscheint. Die Dealerin war bei ihren Geschäften erwischt worden und hatte sich gegen den Vorwurf des Drogenhandels mit dem Argument verteidigt, ihren Kunden gar nicht Ecstasy, sondern harmlose, wenn auch stark überteuerte Kopfschmerztabletten verkauft zu haben. Um den Schwindel glaubhaft zu machen, hatte sie der Polizei die Namen all jener Abnehmer genannt, die auf die Scheindrogen hereingefallen waren. Die

Tochter von Bärbel Hefter wurde vernommen und verstrickte sich in widersprüchliche Erklärungen, weshalb und für wen sie die Tabletten gekauft habe. Sie erwähnte die Not ihrer Mutter, und die polizeilichen Ermittlungen führten unvermeidlich zu Bärbel Hefter.

Zwar hatte sie ihrem Ehemann nur ein Allerweltsmedikament verabreicht, offensichtlich aber mit einer anderen Absicht als der, ihn von Kopfschmerzen zu befreien. So kommt es, dass Bärbel Hefter im Sommer 2020 vor Gericht steht, angeklagt wegen versuchten Totschlags.

Gäbe es eine Skala, auf der die sprachliche und geistige Qualität von Zeugenaussagen bemessen wird, dann lägen die von Gerd und Katja ziemlich weit oben. Sie reden nicht zu viel und nicht zu wenig. Sie schildern das Leben mit dem Stiefvater in seiner ganzen Grässlichkeit, aber ohne überhitzten Furor. Sie sagen Sätze wie »natürlich bin ich in der Angelegenheit nicht ganz objektiv« oder »im Nachhinein betrachtet war es eine dumme, unserer Verzweiflung geschuldete Idee«. Der Richter hört ihnen erstaunt zu. Um eine moralisch verwahrloste Person, scheint er zu denken, kann es sich bei der Angeklagten nicht handeln, sonst hätte sie nicht solche Kinder. Aber es kommt noch besser für Bärbel Hefter.

Der psychiatrische Gutachter hat sich ausgiebig mit ihr befasst. Er berichtet von ihrem trüben Lebenslauf, vom Stigma der Dummheit, und er berichtet schließlich von den verblüffenden Ergebnissen verschiedener Intelligenztests, denen die Angeklagte sich unterzog. Nun erfährt Bärbel Hefter, stumm und regungslos vor dem Richter sitzend, die grauen Haare im Nacken in einen billigen

Haushaltsgummi gezurrt, dass sie einen IQ besitzt, der weit über dem Durchschnitt der Bevölkerung liegt. Dass sie zu jenen Menschen zählt, die man als hochbegabt bezeichnet, fatalerweise allerdings zu jenen Fällen, bei denen die Verkennung der Hochbegabung zum konträren Erscheinungsbild, dem der Dummheit führt.

Sie schaut nicht triumphierend um sich. Sie sackt auch nicht in der jähen Erkenntnis, welche Vergeudung an glanzvollen Möglichkeiten ihr Leben darstellt, in sich zusammen. Sie lässt sich gar nichts anmerken. Sie nimmt das milde Urteil, eine Bewährungsstrafe, scheinbar ungerührt auf. Aber etwas hat sich in Bärbel Hefter doch verändert. Als sie mit Gerd und Katja den Gerichtssaal verlässt und die Treppe zum Ausgang des Gebäudes hinuntergeht, greift sie plötzlich nach hinten, zieht den Gummi aus den Haaren und lässt sie mit einem schnellen Kopfschütteln durch die Luft fliegen. Der Kopf, mit dem sie davongeht, ist ein anderer als der, mit dem sie hergekommen ist.

Schwarze Löcher

Werner Liedmann, ein habilitierter Astrophysiker, war höchst zufrieden, wenn er sein Leben überdachte. Es hing tadellos im Universum, als perfekt funktionierendes kleines Sonnensystem. Er mochte auch diese Metapher, dieses Weltraumbild, das ihm auf dem Weg zur Universität einmal eingefallen war. Es zeigte ihm, wie tief er mit seinem Fachgebiet und seiner Tätigkeit verbunden war, bis hin zu poetischen Ideen, wie viel Erfüllung er folglich genoss.

Schwingung und Ordnung, das war es, was er in seinem Leben erkannte. Ordnung im Kleinen, in seinem Alltag und dem seiner Familie. Sie bewohnte ein großzügiges Haus am Berliner Stadtrand, nach der Arbeit machte Werner Liedmann eine Stunde Sport, nach dem Abendessen brachte er die Kinder ins Bett, las ihnen vor, erkundigte sich nach Schule und Kindergarten. Er wollte keiner der Väter sein, die am Handy von der Ehefrau erfahren, dass die Jüngste neuerdings in ganzen Sätzen spricht und der Sohn in die Auswahlmannschaft für ein Tennisturnier gewählt wurde.

Am Wochenende saßen Gäste bei Liedmanns am Tisch, im Sommer kamen die Nachbarn zum Grillen auf die Terrasse, und zweimal im Monat führte Werner Liedmann seine Frau elegant aus. Wenn sie an diesen Abenden ins Auto stieg, fand sie auf dem Beifahrersitz hin und wieder eine Flasche gekühlten Champagner. Über Regeln und Gewohnheiten sollte das Besondere der Ehe, sollten die Momente spontaner Leidenschaft nicht verloren gehen.

Alles gelang. Und es gelang zum richtigen Zeitpunkt. Denn auch im Großen, im Plan seiner Biografie, erkannte Werner Liedmann eine sinnvolle, ihn vollauf befriedigende Ordnung. Mit vierzig hatte er geheiratet und eine Familie gegründet. Genau auf der Mittelachse der Lebenszeit, die er aller statistischen Wahrscheinlichkeit nach erwarten durfte. Diese Symmetrien unterstrichen in seinen Augen die Richtigkeit der neuen Weichenstellung: auf einem Gleis Beruf und Karriere, auf dem anderen, nun dazugekommenen Gleis sein Familienleben. Gelegentlich stellte sich Werner Liedmann seinen Lebenslauf tatsächlich als grafische Zeichnung vor und gratulierte sich zu ihren harmonischen Proportionen. Mit dreißig wäre er sich zu jung vorgekommen für Kinder, mit fünfzig schon ein bisschen alt. Vierzig war Punktlandung. Passend und plausibel. So richtig wie die Einhaltung des Familiensonntags. Bevor er frische Brötchen für das Sonntagsfrühstück holte, schaute Werner Liedmann nach, ob wichtige Mails gekommen waren, das war aber auch alles, was er sich an Arbeit erlaubte.

Er schaltete den Rechner aus, trug die Teetasse in die Küche und zog seine Sportschuhe an. Seine Frau und die Kinder schliefen noch. Bis sie gemeinsam am Tisch saßen, würde es mindestens noch eine Stunde dauern, er hatte

Zeit für ein paar Joggingrunden im nahen Stadtwald. Werner Liedmann setzte sich aufs Fahrrad und fuhr los. Es war ein Sonntagmorgen im Jahr 2015. Es war diesig, kein Regen, aber in der Luft lag eine neblige, verschleiernde Feuchtigkeit. Werner Liedmann kniff die Augen zusammen. Er fuhr gerade auf die Kreuzung Hubertusallee/Franzensbader Straße zu. Für eine halbe Sekunde schloss er die Augen, um mit der Hand über die Lider zu wischen, er fühlte sich behindert in der Sicht, wie beim Autofahren, wenn Morgentau auf der Frontscheibe liegt.

Als er die Augen öffnete, war ein Auto vor ihm. Es war ganz nah. Mit zwei Schritten hätte er es berühren können. Das Auto und er fuhren direkt aufeinander zu. Sein Körper reagierte sofort, sein rechtes Bein trat mit voller Kraft in die Rückbremse der Pedale, so hart, dass das Hinterrad mit einem Quietschlaut blockierte. Der Bremsruck schob seinen Oberkörper leicht nach vorn. Werner Liedmann stützte sich auf dem Lenker ab und drehte ihn gleichzeitig scharf zur linken Seite, weg von dem roten Auto, das jetzt, direkt vor ihm, um die Kurve fuhr. Es fuhr einfach weiter, in die Hubertusallee hinein. Ein Audi, ein roter Audi. Das Auto hielt nicht an, es verlangsamte noch nicht einmal das Tempo. Kein Verkehr weit und breit, nur Werner Liedmann und der Audi, der sich gleichgültig entfernte, als wäre nicht das Geringste geschehen, als hätte es da mitten auf der Kreuzung keinen Radfahrer gegeben, der Vorfahrt hatte.

Werner Liedmann konnte hören, dass die Person im Audi sogar den Gang hochschaltete. Diese Person – er dachte automatisch an einen Mann – benahm sich wie beim Autoscooter auf der Kirmes, wo das Hauptvergnügen darin besteht, die herumsirrenden Wägelchen möglichst frontal und hart aufeinanderkrachen zu lassen. Und er, Werner Liedmann, war für den Typ im Audi offensichtlich so ein Wägelchen. Eine Gelegenheit für eine kleine spaßige Karambolage. Er schaute hinterher, er schaffte es, sich das Kennzeichen zu merken.

Dann überfiel ihn der Schock. Und mit dem Schock der Gedanke: Du hättest tot sein können. Drei Meter weiter, und du wärst auf den Audi gekracht, auf die Straße geschmettert. Du hast eine Frau und zwei Kinder, du hättest tot sein können, die Frau verwitwet, die Kinder verwaist. Werner Liedmann stützte sich mit dem Fuß auf dem Straßenpflaster ab, er merkte, wie sich die Spannung der abgeknickten Zehen auf seinen ganzen Körper übertrug, ein Zittern bis in die Hände, die sich um den Lenker krampften.

Die Adrenalinwelle schoss in ihm hoch. Da vorne saß der Typ in seiner Karre und haute einfach ab. Fahrerflucht, nichts anderes. Um ein Haar wäre das Arschloch zum Mörder geworden und hielt es nicht für nötig, anzuhalten und sich zu erkundigen, ob alles in Ordnung sei. Werner Liedmann sagte sich die Buchstaben und Zahlen des Kennzeichens vor. Er hörte mitten auf der Kreuzung seine eigene Stimme, gehetzt, hysterisch und piepsend hoch. Eine lächerlich bubenhafte und demütigende Stimmbruchstimme.

Seine Gedanken rotierten auf der Adrenalinwelle um den gesichtslosen Fastmörder, um das miese Subjekt, das ihm nicht einmal die Chance gab, sich von Mann zu

Mann – Haben Sie keine Augen im Kopf? Sind Sie besoffen oder was? Leuten wie Ihnen müsste man den Führerschein entziehen! – abzureagieren. Nach einer Weile wäre der Satz gefallen: Okay, jeder baut mal Mist. Werner Liedmann hätte dem Audi einen scharfen Blick nachgeworfen, hätte die Geschichte seiner Frau erzählt und sich den Sonntag über beruhigt.

So aber geschah etwas anderes. Das Adrenalin blieb, es baute sich in Werner Liedmann nicht ab, es veränderte nur seinen Aggregatzustand und verhärtete sich zu kaltem Hass. Über Wochen und Monate wurde Werner Liedmanns Wille, den Fahrer des roten Audi zu jagen und vor Gericht zu bringen, von der Macht dieses Hasses getragen. Jeder Beruhigungsversuch, jedes rationale Argument, jede juristische Hürde, die seinen privaten Feldzug behinderte, stärkte lediglich seine Unnachgiebigkeit und ließ den Astrophysiker immer weiter und wahnhafter hineinwachsen in die Rolle des Gerechten, der sich aufbäumt.

Noch vor der Arbeit ging Werner Liedmann am Montagmorgen zur Polizei, um Anzeige zu erstatten. Als er die Polizeiwache verließ, war er wütender als zuvor. Er hatte vor kleinen Beamten gestanden und sich abgewimmelt gefühlt. Schlimmer noch: Er musste sich sagen lassen, er habe doch Riesenglück gehabt da auf der Kreuzung, kein Knochenbruch, kein Hämatom, nicht die kleinste Schramme an den Waden. Solche »Situationen«, wie die Sesselpolizisten seinen Beinahetod nannten, gäbe es auf den Straßen einer Großstadt nun mal täglich und zahllos. Die Muße, sich solcher Lappalien anzunehmen, habe kein Rechtsstaat dieser Welt. Und im Übrigen: Was will er eigentlich anzeigen? Welchen Fahrer wegen welcher Flucht von welchem Unfallort? Zeugen könne er für den behaupteten Vorfall ja offensichtlich nicht benennen. Selbst die kindische Floskel vom »guten Schutzengel« blieb Werner Liedmann nicht erspart.

Am Nachmittag desselben Tages rief er seinen Anwalt an. Der Anwalt ließ durchblicken, dass er die Chance auf das Zustandekommen eines Zivilprozesses für sehr gering erachte. Er gab seinem Mandanten Liedmann den gut gemeinten Rat, die Sache auf sich beruhen zu lassen. Werner Liedmann beschimpfte den Anwalt als rückgratloses und unloyales Weichei und brüllte ins Telefon, ihre Geschäftsbeziehung sei hiermit beendet. Sofort danach begann er, einen neuen Anwalt zu suchen, der ihm Manns genug schien, seinen Fall durchzufechten. Er fand auch einen.

Die Aktivitäten, die der junge Jurist nun unternahm, entlasteten Werner Liedmann vorübergehend. Aber weder fand er zu seiner früheren Balance zurück, noch wollte er es. Er wollte gar nicht zulassen, dass sich seine Erregung im Lauf der Zeit senkte, weil dies, so sah er es zumindest, in der Konsequenz bedeutet hätte, auch den Grad der Schuld zu mindern, das dem Delikt zukam, dessen Opfer er geworden war.

Er schlief schlecht. Er wachte mitten in der Nacht mit rasendem Puls auf, aber er unternahm nichts, um sich irgendwie zu beruhigen oder weiterzuschlafen. Er machte sich absichtlich noch wacher, als er schon war, kochte sich um drei Uhr morgens Espresso und setzte sich an seinen Schreibtisch und bereitete das nächste Gespräch mit dem Anwalt vor, er ging wieder und wieder sein Gedächtnisprotokoll des Vorfalls durch, obwohl er es natürlich längst auswendig konnte.

Tagsüber befand er sich in einer Mischung aus Erschöpfung und Rastlosigkeit. Zum ersten Mal in seinem Leben litt er an Konzentrationsstörungen bei der Arbeit. Selbst an dem Tag, als seine Frau mit dem ersten Kind in den Wehen lag, hatte er es geschafft, für zwei Stunden vom Krankenhaus ins Institut zu fahren und ohne jede Nervosität an einer Sitzung teilzunehmen. Jetzt geschah es, dass ein Assistent ihn im Vorbeigehen besorgt fragte: »Ist was, Herr Professor Liedmann? Wenn Sie möchten, ich bin ganz Ohr, selbstverständlich diskret.«

Zum ersten großen Streit mit seiner Frau kam es, als sie ihm nach einer langen, diplomatischen Einleitung den Vorschlag unterbreitete, einen Arzt aufzusuchen oder wenigstens ein homöopathisches Beruhigungsmittel einzunehmen. Schon wegen der Kinder. Die bekämen doch mit, dass mit Papa etwas nicht stimmt. Werner Liedmann brüllt los, als hätte er auf eine Gelegenheit dazu, auf ein solches Stichwort nur gewartet. Mit schreiend heiserer Stimme hämmert er ihr vor, was er der Familie seit Jahr und Tag alles biete. Das Haus, die zwei Autos, die Flugreisen, den Tennisklub, den Flügel im Wohnzimmer, an dem zu spielen der Nachwuchs zu faul ist, die gesamten Annehmlichkeiten ihres Lebens. Er schildert ihr sogar bis in finanzielle Details hinein, welch weiches Polster aus Lebensversicherungen, Aktien und Witwenpension sie aufgefangen hätten, falls er bei dem Unfall – er nannte es tatsächlich »Unfall« – zu Tode gekommen wäre.

Dies wiederum interpretiert seine Frau, die nun ebenfalls schreit, als Unterstellung, sie fände schon aus Profitgründen die Aussicht auf ihre Witwenschaft nicht übermäßig tragisch, folglich auch seinen Tod nicht allzu bedauerlich. Es ist nicht nur der erste ausufernde, es ist auch der irrationalste Krach in ihrer Ehe. Gemeinheiten schießen nur so durch die Luft. Er gehöre, wird Werner Liedmann angebrüllt, in die Psychiatrie. Mit homöopathischen Kügelchen sei bei ihm nichts mehr auszurichten.

Danach geht dem Streit die Luft aus, und sie sprechen zwei Tage kein Wort miteinander. Am dritten Tag setzen sie sich mit einer Flasche Rotwein an den Küchentisch und erarbeiten einen Kompromiss. Werner Liedmann lässt sich darauf ein, die juristische Beschäftigung mit dem »Unfall« auf ein Jahr zu begrenzen. Seine Frau verspricht, ihn so lange in seinem Furor gewähren zu lassen.

Weihnachten und Neujahr sind vorüber, der Stadtwald, in dem Werner Liedmann abends und am Wochenende joggt, zeigt bereits das erste Frühlingsgrün, als sich die beiden Männer, die an einem Sonntagmorgen im vorangegangenen Herbst die Kreuzung Hubertusallee/Franzensbader Straße im selben Moment befahren hatten, zum ersten Mal persönlich begegnen und sich von Angesicht zu Angesicht gegenüberstehen. Der Schlichtungstermin findet in einer Anwaltskanzlei statt. Er ist für zehn Uhr morgens angesetzt. Doktor Heinrich Scharowski, der Fahrer des roten Audi, erscheint sieben Minuten nach zehn.

Die kleine Verspätung genügt als Windstoß, um die einen Spaltbreit zur Versöhnung geöffnete Tür endgültig ins Schloss fallen zu lassen. Zumindest von Werner Liedmanns Seite aus. Er sieht diesen Scharowski, der als niedergelassener Zahnarzt Mitte fünfzig, als Villenbesitzer und Vater zweier erwachsener Söhne den gleichen gesellschaftlichen Status einnimmt wie er, vermutlich auch genauso viel Steuern zahlt. Und er fühlt die Demütigung, von dem Subjekt, dem er die schlimmste Zeit seines Lebens verdankt, nun auch noch zu Umgangsformen gezwungen zu werden, wie sie unter Akademikern nun mal üblich sind. Das schleimige Lächeln, mit dem Scharowski auf ihn zukommt, verursacht ihm tiefen Widerwillen. Der schlaffe Händedruck kommt ihm wie eine Ohrfeige vor, die er am liebsten mit einer solchen beantworten würde.

Das also ist sein Fastmörder. Er trägt Anzug und Krawatte. Er beansprucht, gesiezt zu werden. Er scheint darauf zu warten, dass man ihm um diese Uhrzeit einen Kaffee anbietet. Milch und Zucker? Ja, danke, gern mit Milch und einem Stück Zucker. Ein Prolet käme Werner Liedmann als Feind gelegener. Ein Mensch, den sozial zu verachten leichtfällt. Er hat aber keinen herumstotternden, ungeschliffenen Proleten vor sich, sondern einen sozialen Doppelgänger, von dem er sich parodiert fühlt. Ein Spiegelbild, das ihn verzerrt, um ihn lächerlich zu machen.

Alles, was Werner Liedmann an sich schätzt, seine gestreckte und muskulöse Erscheinung, sein geradliniger Intellekt, sein aufrechter Charakter, die gesamte Strukturierung seiner Person, wirkt bei Heinrich Scharowski ins Gegenteil verformt. Ins Formlose, Weiche, Verfaulte. Natürlich kann sich Scharowski an den Sonntagmorgen im Herbst überhaupt nicht erinnern, folglich auch nicht an einen Radfahrer, dem er morgens um acht so scharf die Vorfahrt nahm, dass er ihn um ein Haar über den Haufen gefahren hätte. Dass er an diesem Tag und zu dieser Uhrzeit möglicherweise mit seinem roten Audi unterwegs war, bestreitet er nicht. Vielleicht fuhr er gerade nach Hause.

Nach Hause? Morgens um acht? Werner Liedmann sieht den Whirlpool eines Bordells vor sich, er sieht blutjunge Thailänderinnen, deren lange künstliche Fingernägel an bleichen aufgeschwemmten Männerkörpern herumkitzeln. Genauso gut kann er sich Heinrich Scharowski beim sogenannten Sonntagsbrunch vorstellen. Das würde zu einem Mann wie ihm passen: Nach einer Puffnacht morgens angesoffen nach Hause fahren, ein paar Stunden schlafen und dann ab zum Leistungsfressen mit Verblödungsmusik im Hintergrund. Und nebenbei einen Familienvater ummähen, der Vollkornbrötchen kaufen fährt und dafür das Fahrrad benutzt.

Puff, Brunch, Fahrerflucht, für Werner Liedmann liegt das alles auf einer moralischen Linie. Sie entstammt den schwarzen Löchern im großen Nebel der Verkommenheit, deren einziger Sinn darin besteht, gut geordnete Systeme anzugreifen, wie der rote Audi ihn ja tatsächlich angegriffen hatte. Werner Liedmann bricht das Schlichtungsgespräch ab, bevor es überhaupt begonnen hat. Hier gibt es für ihn nichts zu schlichten. Er gibt Heinrich Scharowski nicht einmal die Hand, er nimmt seine Aktentasche und geht kurzerhand zur Tür. Bevor er hinausgeht, dreht er sich zackig um und ruft »Wir sehen uns vor Gericht wieder!« in den Raum.

Die eigene Unhöflichkeit befriedigt ihn. Aber es ist noch etwas anderes, das ihm langsam ein wenig Ruhe verschafft. Er beginnt, den Vorfall auf der Straßenkreuzung im Licht schicksalhafter Bedeutung zu betrachten. Als eine von höheren Kräften gewollte und gelenkte Herausforderung, deren Sinn darin lag, die Abwehrkräfte seiner Existenz zu prüfen. Heinrich Scharowski war dabei nichts anderes als ein zufälliger Vertreter des Niederen, der ihm verdeutlichte, wie richtig und überlegen sein Leben war. Eine Art negative Epiphanie, mit der er fertigwerden sollte.

Der Richter, vor dem die beiden Männer wiederum ein halbes Jahr später stehen, betrachtet den Fall etwas profaner und stellt das Verfahren wegen Geringfügigkeit ein.

Am Alex

Die Morgendämmerung hatte den Platz in milchiggraues Licht getaucht. In ein paar Stunden würden ihn Passanten fluten, würden sich Touristenschlangen vor dem Ticketschalter des Fernsehturms bilden, der wie ein zum Himmel gestreckter Zeigefinger aus dem Stadtbild ragt, von weit außerhalb sichtbar, das höchste Gebäude Deutschlands. Im Inneren saust ein Fahrstuhl zu dem berühmten Drehrestaurant in 203 Metern Höhe hinauf.

Es war sechs Uhr, der 8. Oktober 2021. Noch lag der Platz im Halbschlaf und sammelte Kraft. Nur am Bahnhof, dessen Schienentrasse den Alexanderplatz überquert, herrschte Betrieb. In der frühmorgendlichen Stille waren die schrill abbremsenden S-Bahnen, die Menschen zur Arbeit oder von einer Nachtschicht nach Hause fuhren, bis in die angrenzenden Straßenschluchten zu hören.

Jo Förster schlenderte entlang der gestaffelten Wasserspiele, die von Südwesten auf den Fernsehturm zuführen. Er setzte sich auf eine von Buschwerk umrahmte Bank, er wollte die Nacht auspendeln lassen, ungestört und nur für sich ein bisschen Gitarre spielen. Er hörte die Stimmen nicht sofort. Dann drangen sie, immer lauter und aggressiver, zu ihm durch. Irgendwo in der Nähe schien es Streit zu geben, möglicherweise kündigte sich eine Rauferei an. Es wäre nichts Ungewöhnliches gewesen, es kam fast täglich vor auf diesem Platz in der Mitte Berlins.

Er stand auf und ging zu einem Toilettengebäude in der Nähe. Als er es verließ, sah er im schemenhaften Umriss einen Mann, der an der langen Bank am obersten Wasserbecken mit einem stielförmigen Gegenstand auf einen anderen einschlug. Er erfasste die Wucht der Schläge und erschrak. Hemmungslos drosch der Mann auf den am Boden liegenden Körper ein. Sekunden später ließ er den Gegenstand fallen und lief davon.

Die Statur und die langen dunklen Haare kamen Jo Förster bekannt vor. Er hatte den Mann hier schon oft gesehen, hin und wieder mit ihm geplaudert. Er kannte auch den Namen, mit dem ihn die Stammbesucher des Platzes ansprachen: Ali. Er holte sein Handy heraus und wählte die Notrufnummer der Polizei. Noch bevor sie eintraf, fanden Mitarbeiter der Berliner Stadtreinigung, die zu ihrer ersten Morgentour unterwegs waren, den Toten. Er lag neben der Bank in einer breitflächigen Blutlache, der Schädel zertrümmert, das Gesicht zerstört wie nach einem Massaker.

Der Inhalt seines Rucksacks lässt die Mordkommission darauf schließen, dass es sich um einen Obdachlosen handelt. Seine Papiere, die er in einer Bauchtasche verwahrte, weisen ihn als dreißig Jahre alten Vietnamesen aus. Wie er nach Deutschland kam, in welchen Städten er sich aufhielt, wovon er sich ernährte, ob er immer obdachlos gewesen war – all das bleibt im Dunklen. Er war, wie die gerichtsmedizinische Obduktion ergibt, 1,60 Meter groß und mit 75 Kilogramm Körpergewicht von stämmiger Statur. Viel mehr weiß niemand über ihn. Nur dass er trank. Dass er mal hier, mal da an den Treffpunkten der Trinker- und Obdachlosenszene auftauchte und im Suff unangenehm werden konnte. Dass er oft Boxershorts trug.

Er trug sie auch in der herbstlichen Morgenkühle des Tages, an dem er erschlagen wurde. Die Aussagen von Jo Förster und den Mitarbeitern der Stadtreinigung ermöglichen eine präzise Bestimmung seines Todeszeitpunkts. Der unbekannte Vietnamese, der nichts außer einer Bauchtasche und einem Rucksack mit Waschzeug, ein paar Kleidungsstücken und Bierflaschen hinterlässt, starb zwischen 6:15 und 6:20 Uhr am 8. Oktober 2021.

Ein halbes Jahr später sitzt der 22-jährige Ali Raza auf der Anklagebank des Landgerichts. Ein schmaler Reif hält die schulterlangen schwarzen Locken aus der Stirn. Immer wieder streicht er mit beiden Händen den Haaransatz von der Stirn straff nach hinten, als wolle er mit einer tadellosen Frisur dem Bild des heruntergekommenen Halunken entgegenwirken. Vor ihm sitzt ein Übersetzer. Das Gericht geht davon aus, Ali Raza könne sich in Urdu, der Nationalsprache Pakistans, am besten verständigen. Im Lauf des Prozesses stellt sich heraus, dass er recht gut Deutsch versteht, gegen Ende des Prozesses, dass er Analphabet ist. Als Beruf gibt er Koch an. Ob er ihn je ausübte, wann und wo er ihn erlernte, ist nicht zu erfahren. Er schweigt dazu.

Er wuchs in bäuerlichen, wohl ärmlichen Verhältnissen im Süden Pakistans auf, als ältester Sohn von vier Geschwistern. Mit 16 Jahren schloss er sich einem älteren Cousin an und wanderte nach Deutschland aus. Was mit dem Cousin geschah, weshalb der Kontakt zu ihm abbrach, gibt Ali nicht preis. Auch seine Familie in Pakistan habe er schon lange nicht mehr angerufen. »Warum nicht?«, fragt der Vorsitzende Richter. Der Übersetzer sagt, darauf möchte Ali nicht antworten. Scham könnte die Antwort sein. Scham, weil er das Versprechen, im reichen Deutschland gut zu verdienen und Geld nach Hause zu schicken, nicht hielt. Scham, nichts anderes geworden zu sein als ein Gestrandeter, ein Mann ohne Arbeit, Zukunft, Halt und Ehre.

Was Ali, abgesehen von Alkoholkonsum und dem Wechsel von einer Sozialeinrichtung zur nächsten, seit seiner Ankunft in Deutschland machte, was er anstrebte oder erhoffte, ist kaum fassbarer als die Existenz des Vietnamesen. Täter und Opfer führten, zumindest das zeichnet sich im Lauf der Gerichtsverhandlung ab, das gleiche taumelnde Leben am Rand, besser gesagt, im Nirwana der Gesellschaft. Ein Leben, dessen einzige Orientierung darin bestand, in den immer gleichen Runden durch die Stadt zu fahren, mit den immer gleichen Schicksalsgenossen herumzusitzen und sich mit Alkohol zu versorgen. Das Zentrum ihres Lebens war der Alexanderplatz.

Auch der 7. Oktober 2021, der Tag vor der tödlich endenden Begegnung, verlief in dieser Routine. Etwa um 22:30 Uhr, sagt Ali, sei er am Alexanderplatz zum ersten Mal mit dem Vietnamesen aneinandergeraten. Worum es dabei ging, erläutert er nicht. Er sei dann mit der U-Bahn zum Kottbusser Tor gefahren, ein Ort, der jedem im Gerichtssaal als einer der einschlägigen Drogenumschlagplätze Berlins bekannt ist. Er habe dort weitergetrunken, Bier, Wodka, Whisky, und sei um drei oder vier Uhr morgens zurück zum Alexanderplatz. Plötzlich sei der Vietnamese aufgetaucht, nicht allein, sondern mit einem Kumpan. Die beiden hätten ihn belästigt und bedrängt. Der Vietnamese habe versucht, in seine Jackentasche zu greifen und ihm etwas wegzunehmen. »Was?«, fragt der Richter. Das wisse Ali nicht, antwortet der Übersetzer.

Dann habe der Vietnamese etwas Unverzeihliches getan. Er habe seine Mutter beleidigt. Den Wortlaut der in seinen Ohren zutiefst vulgären Beleidigung möchte Ali nicht wiedergeben. Er habe den Vietnamesen »zur Strafe« zwei Mal geohrfeigt. Nur geohrfeigt? Nach längerem Zögern räumt Ali ein, auch mit einem Gegenstand geschlagen zu haben, der ihm zufällig in die Hände geraten sei. Genauer könne er sich nicht erinnern, er sei im Vollrausch gewesen. Nachdem er den Alexanderplatz verlassen habe, sei er zu seiner Unterkunft in Kreuzberg gefahren. Dort habe er etwas gegessen, geduscht und ein paar Stunden geschlafen.

Am Nachmittag des 8. Oktober 2021 begab sich Ali, wie an allen Tagen und in allen Wochen und Monaten davor, zu dem Platz, der ihm in den sechs Jahren in Deutschland zur Heimstatt geworden war, zu einem »Wohnzimmer«, wie es der Richter ausdrückt. Um 22:15 Uhr wurde er unweit des Fernsehturms verhaftet.

An der blutverschmierten Holzlatte, die neben dem Toten lag, finden sich Spuren seiner DNA. Die Latte stammt von der Schutzummantelung eines frisch gepflanzten Baums, etwa zwanzig Meter von der Bank entfernt, auf der es zur Auseinandersetzung kam. Ali muss folglich herumgelaufen sein, er muss gezielt nach einem Prügelwerkzeug gesucht haben. Ob er die Latte herausriss, was der Staatsanwalt annimmt, oder sie schon herausgerissen war und er sie vom Boden aufhob, lässt sich nicht mit letzter Gewissheit sagen. Ebenso wenig, ob es den Kumpan des Vietnamesen tatsächlich gab. Jo Förster kann sich nicht erinnern, ihn gesehen zu haben. Zahlreiche Verletzungen im Gesicht, am Oberkörper, an Beinen und Armen des Opfers wurden von scharfen Nägeln verursacht, die aus der Latte herausragten.

Auf fast alle Fragen, die der Richter am ersten Prozesstag dem Angeklagten stellt, gibt dieser die monoton gleiche Antwort: »Ich habe einen Fehler gemacht. Das tut mir leid. Aber der andere hat auch einen Fehler gemacht, er ist auch schuld.« Und dann sagt er: »Am Alex weiß man, dass ich ein netter Typ bin.«

»Alex« kann vieles bedeuten, es ist der Name eines Berliner Radiosenders, einer Gaststättengesellschaft und einer Kindertagesstätte. Und es ist die saloppe Kurzform, die Berliner verwenden, wenn sie vom Alexanderplatz wie von einem Onkel sprechen, der so unverzichtbar ist für das Familiengefühl, dass man ihm Macken und Eigenheiten nachsieht. Er ist nicht der historisch bedeutendste Platz der deutschen Hauptstadt, noch weniger der schönste.

Die Redewendung vom »ewigen Provisorium«, die gerne für ihn verwendet wird, ist einigermaßen schmeichelhaft. Er wurde nicht nur durch die Bombardements des Zweiten Weltkriegs versehrt. Er wurde in den zweihundert Jahren seines Bestehens öfter umgeplant, umgebaut und in seiner schieren räumlichen Ausdehnung neu vermessen als jeder andere Platz Berlins. Seit dem späten 19. Jahrhundert hat ihn keine Generation ohne mindestens eine Großbaustelle erlebt.

Heute stellt er ein amorphes Areal dar, das Ortsfremde zu der seltsamen Frage verleitet, was mit »Alexanderplatz« eigentlich gemeint ist und wo sich seine Mitte befindet. Ist es der Fernsehturm? Der Bahnhof? Oder das nördlich davon gelegene Terrain, um das sich Gebäudemonster gruppieren, die Shoppingmalls und Filialen globaler Bekleidungs- und Schnellrestaurantketten beherbergen? Keine Kunstgalerie, kein gehobenes Restaurant, kein bürgerliches Caféhaus und keine Boutique eines Pret-á-porter-Labels haben sich nach der Wende hier niedergelassen. Nichts lässt erahnen, dass der Alexanderplatz in der DDR-Zeit das Ansehen eines repräsentativen Zentrums der Stadtgesellschaft genoss. Die verbliebenen, im Sachlichkeitsstil der Ostmoderne errichteten Gebäude wirken wie zur Seite gedrängte Stiefkinder, denen zwischen den mehrspurigen Schnellstraßen, die aus allen Richtungen auf den Alexanderplatz zudonnern, der Atem abgeschnürt wird.

Tag für Tag wird dieses Areal von 350 000 Menschen betreten, von den meisten jedoch nur durcheilt. Sie steuern den Platz an, um ihn sofort zu verlassen und zwischen den Fernzügen, den drei U-Bahnlinien, fünf S-Bahnlinien, vier Buslinien und fünf Straßenbahnlinien umzusteigen, die sich im unterirdischen und oberirdischen Bahnhofslabyrinth kreuzen. Vom Morgen bis zum Abend vibriert es unter einem kolossalen Verkehrsbetrieb, erfüllt von ruheloser, flüchtiger Bewegung. Stellt man sich unter einem Platz jenen geschlossenen innerstädtischen Raum vor, der zur Verlangsamung, zum Innehalten und Verweilen einlädt, dann ist der »Alex« das Gegenteil davon, ein einziger großer Transitraum.

Und es könnte sein, dass sich Menschen, die im gesellschaftlichen Nebel herumgeistern, an diesem Platz nicht nur deshalb heimisch fühlen, weil sie in seinem Gewühl weniger auffallen, sondern auch, weil sie in seiner Gesichtslosigkeit etwas von ihrer Existenz wiedererkennen.

Neben der hohen Fluktuation zählt die Kriminalitätsrate zu den zweifelhaften Rekorden des Platzes. Allein im Jahr 2020 wurden im Zuständigkeitsgebiet der Polizeistation Alexanderplatz 5226 Straftaten registriert. Sie reichen von Taschendiebstahl, Raub und Körperverletzung bis zu schweren Gewaltverbrechen, die fast schon eine Traditionslinie darstellen.

Am 18. September 2021 werden bei einer Massenschlägerei zwei Männer schwer verletzt.

Am 6. April 2020 geraten zwei Männer in Streit. Einer von ihnen erleidet eine tödliche Stichverletzung.

Am 18. März 2019 wird ein 26-jähriger niedergestochen. Bevor er zusammenbricht, wählt er die Notrufnummer der Polizei. Kurz darauf verstirbt er.

Am 31. Mai 2018 zünden zwei Männer einen schlafenden Obdachlosen an. Er überlebt schwer verletzt.

Am 9. September 2017 kommt es zwischen acht Männern zu einer Schlägerei. Ein 18-jähriger kann durch eine Notoperation gerettet werden.

Am 21. April 2014 versucht ein junger Mann, den Streit zwischen zwei anderen zu schlichten, die daraufhin ihn ins Visier nehmen. Er wird durch einen Messerstich getötet.

Kein Fall aber verstörte die Öffentlichkeit so wie der vom 14. Oktober 2012. Der Name des Opfers, Johnny K., wurde zum Synonym für Jugendkriminalität und für die alarmierenden Verhältnisse am Alexanderplatz. Der 20-jährige Johnny K., Sohn einer thailändischen Mutter und eines deutschen Vaters, wurde von sechs Jugendlichen buchstäblich zu Tode getreten. Ihre Eltern stammten aus der Türkei und Griechenland. Nach einem Klubbesuch lief Johnny K. mit einem Freund um Mitternacht der Sechsergruppe in die Arme. Ihr Anführer hat es, ohne ersichtlichen Grund und Anlass, auf den Freund abgesehen und prügelt ihn zu Boden. Als Johnny K. ihm zu Hilfe kommen will, entlädt sich an ihm ein wahrer Gewaltexzess.

Hunderte Menschen, darunter der Justizsenator und der Regierende Bürgermeister von Berlin, Klaus Wowereit, nahmen an der Trauerfeier teil. Denn der Fall entwickelte sich zum Politikum. Bei einem Staatsbesuch in Ankara am 25. Februar 2013 ermahnte die deutsche Bundeskanzlerin Angela Merkel ihren Amtskollegen Tayyip Erdogan, eine energische Suche der türkischen Justizbehörden nach dem Hauptverdächtigen zu veranlassen, der sich in die Türkei abgesetzt hatte. Ein halbes Jahr später wurde er nach Deutschland ausgeliefert und zusammen mit den fünf anderen vor Gericht gestellt.

Die Bank, neben der am 8. Oktober 2021 der obdachlose Vietnamese totgeprügelt wurde, ist einen Katzensprung entfernt von der Stelle, wo Johnny K. durch zahllose Fußtritte gegen seinen Kopf getötet wurde. Eine ins Trottoir eingelassene bronzene Gedenktafel erinnert an Johnny K., der nichts anderes tat als im falschen Moment am falschen Ort zu sein.

Man könnte meinen, im Wesen des Platzes gäbe es etwas Gestörtes, das Gewalt stimuliert, ja geradezu herausfordert. Selbst seinen literarischen Ruhm verdankt er einem Romanklassiker, Alfred Döblins *Berlin Alexanderplatz* von 1929, dessen Geschichte auf einen Mord zuläuft. Es ist die Geschichte des Lohnarbeiters Franz Biberkopf. Nach der Entlassung aus dem Gefängnis ist er entschlossen, sich ein Leben fern des Verbrechermilieus am Alexanderplatz aufzubauen. Es gelingt ihm nicht. Er schließt sich einer Bande an, versinkt immer tiefer im Sumpf und tötet in einem jähen Gewaltausbruch die Prostituierte Mieze.

Der Roman spielt in der Weimarer Republik, unter historisch anderen Bedingungen als denen der Gegenwart. Eines aber hat sich nicht geändert: der Nimbus des Alexanderplatzes. So banalisiert, so reduziert auf Kommerz und Verkehrswesen er heute auch sein mag, so wenig fehlt er in jedem Reiseführer als bedeutende Sehenswürdigkeit Berlins.

Die Mixtur aus Alkohol, prekärer Lebenslage, Frustration und Leerlauf wirkt auch an anderen Ecken der Stadt explosiv und lässt nichtige Streitereien entgleisen. Nur ist der Alexanderplatz nicht irgendein Viertel, dessen Straßennamen schon im Nachbarviertel nicht geläufig sind. Er gilt als eines der Schaufenster der größten deutschen Metropole. Und was im Schaufenster geschieht, das geschieht im Licht der medialen und öffentlichen Aufmerksamkeit. Wer hier durch eine Gewalttat sein Leben verliert, verschwindet nicht in der Kriminalitätsstatistik, sondern rückt als »Toter vom Alex« in die Schlagzeilen.

»Alex« ist nicht zuletzt auch eine Chiffre für das Gewaltpotenzial, das inmitten der Stadt und inmitten der Gesellschaft gärt. Der Gerichtssaal, in dem Ali Raza auf der Anklagebank sitzt und mechanisch seine Haare glatt streicht, ist mit Zuschauern und Pressevertretern gefüllt. Zur Hälfte verdankt sich das Interesse dem Verbrechen, das in dem Saal verhandelt wird, zur anderen Hälfte aber dem Platz mit dem klangvollen Namen, an dem es sich ereignete.

Es stimmt, Ali war ein »netter Typ«, sagen die Zeugen, die ihn kannten und im Prozess auftreten. Der Gitarrenspieler Jo Förster sagt es, der Elektrolehrling Manfred Menzel sagt es. Wann immer sie sich am Alexanderplatz aufhielten, trafen sie auf Ali. Sie gehören in der Szenerie der Stammbesucher nicht zur Gruppe der Gestrandeten, sondern zu der des jugendlichen Partyvolks, das sich vom frühen Abend bis spät in die Nacht, zumal in den Sommermonaten, an den Wasserspielen und auf den betonierten Freiflächen um den Fernsehturm einfindet. Irgendwas ist immer los, irgendjemand hat immer Bier, Wodka oder ein bisschen Haschisch dabei.

Auch die Leiterin der Kreuzberger Sozialeinrichtung, in der Ali seit einem Jahr wohnte, beschreibt ihn als umgänglichen, wenn auch verschlossenen und einzelgängerischen Typ. War er nüchtern, habe er im Hof mit den Kindern der Asylbewerber gespielt. Aber er war nicht allzu oft nüchtern, und wenn er getrunken hatte, das sagen alle, war Ali unberechenbar. Mal wurde er laut und aggressiv, mal zog er sich mimosenhaft in sich zurück und durfte von niemandem angesprochen werden. Ali Raza gehörte, wie der Richter sagt, »zum Inventar des Alexanderplatzes«. Wirklich gekannt hat ihn dort niemand.

Es sei, erklärt die psychiatrische Gutachterin, die am vorletzten Prozesstag auftritt, nicht ganz leicht, sich ein Bild von der seelischen Verfassung eines Menschen zu machen, der einem Kulturkreis entstamme, dessen Werte sich von westlichen deutlich unterschieden. Was in Deutschland als bedrückende Kindheit, als Armut oder Beleidigung gelte, werde in Pakistan vermutlich ganz anders interpretiert. »Ein Proband aus einem anderen Land ist letztlich immer eine Blackbox.« Unter einem Vater zu leiden, der für den erstgeborenen Sohn keine Anerkennung aufbringt, der ihn nicht einmal vor den Prügeln eines Onkels in Schutz nimmt, dies allerdings dürfte bei jedem jungen Menschen in jedem Land einen Knacks hinterlassen. So sei es bei Ali Raza gewesen. Für seine 22 Jahre sei er ein unreifer junger Mann, die Entwicklung seiner Persönlichkeit zurückgeblieben. »Es ist in den sechs Jahren in Deutschland ja auch nicht viel mit ihm passiert.«

Drei ausführliche Gespräche hat die Gutachterin mit Ali in der Untersuchungshaft geführt. Es müssen Stunden gewesen sein, in denen er, vielleicht zum ersten Mal seit der Emigration aus der Heimat, Vertrauen zu einem Menschen fasste. Weit nach vorne gebeugt hört er, ohne Hilfe des Übersetzers, der Gutachterin zu. Er nickt fast ununterbrochen. Er nickt zu jedem Satz, auch wenn es um die trüben Seiten seines Charakters geht, um übersteigerten Narzissmus, seelische Verwahrlosung und Alkoholabhängigkeit.

Nur einmal rutscht er auf der Anklagebank nach hinten und schaut mit gesenktem Kopf zu Boden. Sie habe, sagt die Gutachterin, nur langsam begriffen, dass Ali Raza Analphabet sei. In den sechs Jahren in Deutschland ist es ihm gelungen, diesen Mangel bei Behörden und sämtlichen Sozialeinrichtungen und Sozialhelfern zu verbergen, mit denen er zu tun hatte. Ob sie wisse, fragt der Richter, wie die Beleidigung des Vietnamesen lautete, die auf den Angeklagten wie Feuer im Benzinfass wirkte? Der Vietnamese, erwidert die Gutachterin, habe »ich fick deine Mutter« gesagt.

Am Ende ihres Vortrags regt sie an, Ali Raza nach der Verbüßung einer Haftstrafe in den Maßregelvollzug aufzunehmen. Bei dem hölzernen deutschen Fachbegriff »Maßregelvollzug« nickt Ali noch heftiger. Er weiß inzwischen, dass es sich dabei nicht um einen Kerker für die ganz aussichtslosen Fälle handelt, sondern um eine sozialtherapeutische Einrichtung, die Suchtkranken und psychisch Angeschlagenen helfen soll, ins Leben zu finden. Aber hat einer wie Ali überhaupt Aussicht auf ein Leben mit Arbeit, Zukunft, Halt und Ehre? Lohnt es sich, anders gesagt, für den deutschen Staat, so viel in einen jungen Pakistaner zu investieren, der außer zu trinken und am Alexanderplatz zu verwahrlosen nichts zustande gebracht hat?

So plump will der Vorsitzende Richter die Frage nicht stellen. Er redet ein wenig gewunden darum herum. Die

Gutachterin, eine nüchterne und lebensnah formulierende Frau, weiß, was er meint. »Ich würde sagen, den kann man kriegen. Der ist ansprechbar, und intelligent ist er auch. Dem muss man jetzt mal lesen und schreiben beibringen.« Ali Raza wird wegen Totschlags zu sieben Jahren und sechs Monaten Haft verurteilt. Das Gericht legt zudem fest, ihn anschließend in den Maßregelvollzug zu überführen.

Es ist zehn Uhr morgens. Eine japanische Reisegruppe steht in einer akkuraten Reihe vor dem Ticketschalter des Fernsehturms, dahinter eine Schulklasse aus Schweden und eine deutsche Rentnergruppe, die sich einmal in der Woche zum Brunch im Drehrestaurant trifft. Auf den Bänken neben den Wasserspielen bereiten sich ein paar Obdachlose ihre Frühstücksmahlzeit zu. Sie breiten Zeitungsseiten aus, holen abgepacktes Brot, Scheibenkäse und ein Glas Gewürzgurken aus einer Plastiktüte. Mit einem Taschenmesser schneiden sie die Brote zurecht. Nach ein paar Schlucken aus einer Zweiliterflasche Fanta gehen sie zum ersten Bier des Tages über. Es ist zu früh für Streitereien – oder zu spät.

Später im Leben

Wer sagt, dass es mit siebzig oder achtzig Jahren vorbei sein soll mit Lust und Liebe? Immer mal wieder berichten betagte Paare in Zeitschriften und Fernsehsendungen von einer körperlichen Innigkeit, die sie, entlastet von den Anforderungen der mittleren Lebensstrecke, in der späten neu entdeckten. »Sex im Alter« ist ein gefragtes Gegenwartsthema. Aber wer sagt, dass es dabei immer so idyllisch zugeht wie bei Philemon und Baucis? Dass es nicht auch bei Senioren neben der hellen Seite der Liebe die dunkle gibt?

Frieder Emrich, 85 Jahre alt, wird beschuldigt, an einem Augustabend im Jahr 2020 seine 82-jährige Wohnungsnachbarin Emma Fürbrot sediert und sexuell missbraucht zu haben. Und nicht anders als bei Jüngeren, die sich in einem solchen Fall als Kontrahenten gegenüberstehen, liegt das juristische Problem in dem Umstand, dass es für die strittige Situation keine Zeugen gibt. Nur zwei Personen haben sie erlebt, und was sie davon erzählen, sind zwei unterschiedliche Geschichten.

Sie kannten sich, bevor es zu dem Ereignis kam, das Emma Fürbrot veranlasste, gegen Frieder Emrich Anzeige zu erstatten. Auch das ist keine Seltenheit bei Verfahren, die den Vorwurf des Missbrauchs aufzuklären haben. Allerdings kennen sie sich seit einem halben Jahrhundert. Vor nicht weniger als fünfzig Jahren zogen Frieder Emrich und Emma Fürbrot mit ihren jeweiligen Ehepartnern in das schlichte Miethaus im Westberliner Bezirk Wedding, ein Arbeiterviertel, das außer verrauchten Bierkneipen, Industrieanlagen und billigen Mieten wenig zu bieten hatte.

Selbst Studenten machten damals einen Bogen um den Bezirk, dessen Name als Synonym für urbane Ödnis und prekäre Verhältnisse galt. Nach dem Mauerfall vergingen fast zwei Jahrzehnte, bis der Wedding in der Rangliste jener Quartiere, denen Künstler, Galeristen, Bohemiens und lebensstilbewusste Bürger die Ehre erweisen, von ihnen entdeckt und besiedelt zu werden, nach oben rückte und alsbald Investoren anlockte. Frieder Emrich und Emma Fürbrot gehören zu den Alteingesessenen, die dank ihrer alten Mietverträge nicht so leicht zu vertreiben sind.

Vor Gericht trägt er über einem karierten Hemd eine kakaobraune Weste aus steifem Kunstleder, deren Kauf in den Siebziger- oder Achtzigerjahren stattgefunden haben muss. Sie hat ihre Prozessunterlagen in einer Einkaufstasche dabei, die nicht viel neuer sein dürfte.

Sähe man sie nebeneinander auf einer Parkbank sitzen, hätte man das Bild eines rüstigen Rentnerpaars vor Augen, das sich im Lauf vieler gemeinsamer Jahre immer ähnlicher wurde. Beide von kräftigem Körperbau und mit etwas groben Gesichtszügen, beide mit dem Habitus selbstsicherer, ja beinahe sturer Gefasstheit. Aber sie sitzen nicht auf einer Parkbank, sondern in einem Saal des Berliner Strafgerichts, Frieder Emrich frontal zum Richtertisch, Emma Fürbrot seitlich hinter ihm. Ihre Blicke könnten sich nur dann begegnen, wenn er den Kopf weit nach links drehen würde, um der Frau mit den grauen, im Nacken zum dünnen Pferdeschwanz gebundenen Haaren in die Augen zu schauen.

Fünfzig Jahre lang waren sie nichts anderes als Distanz wahrende Wohnungsnachbarn, die sich an der Haustür grüßten, Postpakete füreinander annahmen oder mit Butter und Eiern aushalfen, wenn in der einen oder der anderen Küche ein Sonntagskuchen gebacken werden sollte, an dessen Zutaten es mangelte. Enger war der Kontakt nicht. Sie sahen ihre Kinder aufwachsen, registrierten die Anschaffung eines neuen Autos, sie wünschten sich am Neujahrsmorgen ein gutes Jahr, aber nie überschritt die Nachbarschaft die Grenze zum freundschaftlichen Verhältnis. Es gab weder Streit noch Einladungen zu Geburtstagsfeiern.

Das änderte sich im August 2020, als es, drei Monate nach dem Tod von Frieder Emrichs Ehefrau, im Treppenhaus zum ersten persönlicheren Gespräch kam. »Wie geht's denn so?«, fragte Emma Fürbrot, selbst seit vielen Jahren verwitwet, und Frieder Emrich begnügte sich nicht mit einer einsilbigen Antwort, sondern machte seinem Herzen Luft. Schlecht, teilte er in ungewohnter Vertrauensseligkeit mit, schlecht ginge es ihm. Die einsamen Tage und leeren Abende seien deprimierend, die täglichen Friedhofsbesuche ließen ihn noch niedergeschlagener nach Hause zurückkehren, als er aufgebrochen sei.

»Komm doch mal vorbei«, sagte Emma Fürbrot, »bisschen quatschen.«

Schon am nächsten Abend ging Frieder Emrich mit einer Flasche Rotwein unter dem Arm ins zweite Stockwerk hinauf und klingelte bei Emma Fürbrot. Sie setzten sich an den Küchentisch, plauderten und leerten die Flasche. Am Abend darauf klingelte er wieder, dieses Mal hatte er zwei Flaschen Rotwein dabei. Im ersten Moment war Emma Fürbrot ein wenig erstaunt über die offenkundige Absicht des Nachbarn, den vorangegangenen Besuch als Beginn eines Rituals zu deuten. Aber sie hatte nichts dagegen, und Rotwein schätzte sie auch. Dass sie nun im Wohnzimmer Platz nahmen, deutete Frieder Emrich wiederum als Zeichen, sich fast schon heimisch fühlen zu dürfen in der Nachbarwohnung, die bis aufs Mobiliar identisch war mit seiner. Drei Zimmer, Küche, Bad – der gleiche Zuschnitt, die gleiche Aufteilung der Räume.

Sie leerten die erste Flasche, kamen immer schwungvoller ins Gespräch und waren sich einig, die zweite Flasche könne nicht schaden. Als »Gentleman alter Schule«, sagt Frieder Emrich vor Gericht, habe er den Rotwein in die Gläser nachgeschenkt.

Etwa eine Stunde vor Mitternacht schlug er vor, auf Brüderschaft zu trinken. Sie erhoben sich, stießen mit den Gläsern an und kreuzten über dem Couchtisch die Arme. Dann beugte sich Frieder Emrich zu Emma Fürbrot, um sie zu küssen. Bis zu diesem Punkt verlaufen ihre Versionen parallel. Bei allem, was danach geschah, ähneln sie zwei Straßen, die von einer Verkehrsinsel im Hundertachtziggradwinkel voneinander abzweigen.

Ekel durchfuhr Emma Fürbrot. Sie spürte, wie sich ihr Magen verkrampfte, und sie fürchtete, ihn nicht kontrollieren zu können. Sie war keine wehrlose Frau, war es nie gewesen. Sie hatte sich ihr Leben lang sofort und lauthals beschwert, wenn ihr etwas missfiel. Brachten die Kinder Zeugnisse nach Hause, deren Noten sie als ungerecht empfand, marschierte sie an der Sekretärin vorbei ins Büro des Schuldirektors und stellte ihn zur Rede. Entdeckte sie an einer Salatgurke einen braunen Fleck, war ihr die Zeit nicht zu schade, zum Supermarkt zu gehen und ihr Geld zurückzuverlangen. Emma Fürbrot ließ sich nichts bieten. Und es war nicht Furcht, die sie davon abhielt, den Widerling, der ihr seine breite nasse Zunge in den Mund steckte, mit ein paar Ohrfeigen zur Räson zu bringen und aus der Wohnung zu werfen. Es war die Kränkung des Alters.

Sie konnte sich nicht erinnern, wann sie zum letzten Mal einen Zungenkuss erhalten hatte. Es musste Jahre, besser gesagt, Jahrzehnte her sein. Sie war nie einem anderen Mann nahegekommen als ihrem eigenen, und Zungenküsse gehörten nur am Anfang zu ihren intimen Gewohnheiten. Sie hatte es nicht vermisst, im Gegenteil. Das feuchte Geschmatze war ihr, auch wenn sie es in Fernsehfilmen sah, schon immer unangenehm gewesen. Aber zum Ekel kam das demütigende Gefühl, die Zunge sei in ihren Mund gedrungen, um sie zu verspotten, um zu demonstrieren, dass nur ein unzurechnungsfähiger Greis sich zu diesem Gewaltakt hinreißen lassen mochte.

»Quatsch«, sagt Frieder Emrich, »alles totaler Quatsch.« Ein Küsschen auf Brüderschaft, harmlos und ohne jeden Hintergedanken, sei es gewesen. So kenne er das, seit er denken könne. »Würden Sie«, fragt der Richter, »es bei einem Mann genauso machen?« Frieder Emrich legt den Kopf in den Nacken und schaut zur hohen holzvertäfelten Decke des Gerichtssaals, als müsse er überlegen, ob er sich hier unter normal denkenden Leuten befindet. »Ne, natürlich nicht.«

In der hintersten Zuschauerbank sitzt sein Sohn, ein mit Anzug und Krawatte bekleideter Mann Mitte fünfzig. Schon bei der Verlesung der Anklageschrift krümmt er sich unter der Peinlichkeit, diesem Prozess beizuwohnen. Dass Eltern zu ihren Kindern stehen, wenn die sich etwas zuschulden kommen ließen und die Justiz nach ihnen greift, zählt zu den Pflichten verwandtschaftlicher Verantwortung. Aber umgekehrt? Stünde Frieder Emrich vor Gericht, weil er die Miete nicht bezahlt hat, wäre dies für den Sohn zwar unangenehm, aber er wäre nicht der Zumutung ausgesetzt, dem Disput zwischen der Verteidigerin von Emma Fürbrot und dem Verteidiger seines 85-jährigen Vaters über dessen Intentionen bei Zungenküssen zuhören zu müssen.

Etwas stimmte nicht mit ihr, sie wollte Frieder Emrich zur Wohnungstür bugsieren, aber sie schaffte es nicht. Etwas zog sie nach unten, eine plötzliche Schwäche in den Gliedern, ein Schwindelgefühl, das sich vom Kopf aus im ganzen Körper ausbreitete. Sie torkelte ins Badezimmer, um sich kaltes Wasser ins Gesicht zu schütten und wieder zu Sinnen zu kommen. Sie habe das Badezimmer schließlich verlassen, sei, immer stärker benebelt, ins Wohnzimmer gegangen und vor der Couch auf den Boden gesunken.

Der Nachbar, das könne sie beschwören, habe ihre Hilflosigkeit ausgenutzt und brutal nach ihren Brüsten gegrapscht. Was er sonst noch mit ihr machte, wisse sie nicht. Sie sei in Ohnmacht gefallen. Als sie erwachte, zwei oder drei Stunden später, sei Frieder Emrich nicht mehr da gewesen. Sie habe vergeblich versucht, zum Telefon zu kriechen, um eine Freundin anzurufen. Sie sei erneut weggedämmert und erst nach weiteren zwei Stunden in der Lage gewesen, sich zu bewegen. Die Hämatome an ihren Brüsten seien noch Tage später sichtbar gewesen.

Emma Fürbrot ist der festen, von der Staatsanwältin geteilten Überzeugung, Frieder Emrich habe heimlich Ketamin in ihr Rotweinglas getan, um sie im bewusstlosen Zustand zu missbrauchen. Tatsächlich fanden sich in einem der zwei Gläser Spuren des starken Narkosemittels, das auch zur Betäubung von Pferden verwendet wird.

Frieder Emrich hat an Emma Fürbrots Darstellung, was die ungefähre Dramaturgie der Ereignisse betrifft, nichts auszusetzen. Was sie in die Ereignisse hineindeute, sei allerdings nichts anderes als Einbildung und böswillige Unterstellung. Ja, sie ging ins Badezimmer. Er habe sich gewundert, warum sie dort so lange blieb. Als sie endlich wieder erschien, habe er bemerkt, wie betrunken sie war. Hatte sie mehr Rotwein konsumiert als er? »Ne, kann man nicht sagen. Wir haben gleich viel getrunken. Aber Frauen vertragen halt weniger als Männer, weiß jeder.«

Ja, sie lag plötzlich auf dem Boden, hingeplumpst wie ein nasser Sack, und er habe versucht, sie anzuheben und aufs Sofa zu hieven. Aus seiner Zeit als Rettungsschwimmer habe er gewusst, welcher Griff anzuwenden sei, um eine bewegungsunfähige Person zu manövrieren: Mit beiden Armen von hinten unter die Achseln fassen, die Arme vor dem Oberkörper der Person verschränken und hochziehen.

Vielleicht habe er bei der Aktion die Brüste der Emma Fürbrot ganz leicht berührt. Aber wenn, dann ohne Wunsch und Absicht. Warum verließ er umgehend die Wohnung? Warum kam er nicht auf die Idee, den Rettungsdienst anzurufen? Wäre das bei einer Frau dieses Alters nicht die selbstverständlichste Reaktion gewesen? »Einen Rausch«, belehrt Frieder Emrich das Gericht, »muss man ausschlafen. Weiß auch jeder.« Auch diesen Satz des Vaters registriert der Sohn mit missbilligender Miene, schreiben die Gerichtsreporter, die zwei Reihen vor ihm sitzen, mit rasenden Kugelschreibern in ihre Notizblöcke. Am nächsten Tag wird er ihn als Zitat in der Berliner Boulevardpresse lesen. Wie die Geier werden sich die Medienheinis auf den Fall stürzen. Den Fall des geilen, Rotwein saufenden Opas, der drei Monate nach dem Tod der Ehefrau nichts Besseres zu tun hat, als dem nächstbesten alten Weib die Zunge in den Hals zu schieben.

»Sag mal, ist das nicht dein Vater?«, werden sie ihn im Büro fragen und mitleidig überlegen, ob sie einen Arzt kennen, der sich mit der Diagnostik beginnender Demenz auskennt, um dann mit Anekdoten aus dem Alltagschaos ihrer eigenen, geistig nachlassenden Eltern aufzuwarten. Da werden Toilettenschüsseln schon mal mit Waschmaschinen verwechselt, landet ein Schuss Eierlikör im Kochtopf und ähnlicher Unfug. Am Ende wird einer mit gespieltem Bedauern »War das denn zu ahnen, dass dein Vater da 'ne Neigung hat?« murmeln. »Sexueller Missbrauch ist natürlich blöd. MeToo und so, da sind die ja heute scharf, die Richter.«

Warum ging Emma Fürbrot nicht zur Polizei, als die Hämatome an ihrer Brust noch sichtbar waren? »Was glauben Sie, wie peinlich mir das war, in meinem Alter.« Warum erstattete sie einen Monat später doch noch Anzeige gegen Frieder Emrich? »Da hatte ich mich halbwegs berappelt. Ich hätte das vorher gar nicht erzählen können.« Hatte sie einen bestimmten Verdacht, der sie bewog, die Rotweingläser nicht zu spülen? »Was heißt Verdacht, mir war sofort klar, dass da was drin gewesen sein muss. Das spürt man doch. Glauben Sie, ich kann einen Schwips nicht von Koma unterscheiden? Bei mir gingen ja alle Lichter aus.«

Das Gericht glaubt gar nichts. Das Gericht weiß nur, dass es ebenso verheerend ist, dem Opfer eines Missbrauchs nicht zu glauben, wie einen Angeklagten zu verurteilen, dem aus undurchsichtigen Gründen eine solche Tat unterstellt wird. Was sagt Frieder Emrich zur Herkunft des Ketamins? »Da fragen Sie was. Keine Ahnung, absolut keine Ahnung. Vielleicht war das ja 'ne Verwechslung mit den Gläsern, und die wollte mich mit dem Zeug vergiften.«

Sie eine Giftmischerin? Er ein Sexmonster? Das eine ergibt so wenig Sinn wie das andere. Welchen Grund sollte Emma Fürbrot gehabt haben, den Nachbarn zur Strecke bringen zu wollen? Das Ketamin muss ja vor der ekligen Zungenküsserei in das Rotweinglas geraten sein. Spricht andererseits nicht schon der gesunde Menschenverstand gegen die Vorstellung, ein Rentner, der nie zuvor mit dem Gesetz in Konflikt gekommen war, dem nie unsittliches Gebaren gegenüber Frauen nachgesagt wurde, entwickele sich in seinem neunten Lebensjahrzehnt zum kaltblütigen Techniker eines Missbrauchs? Er müsste den verbrecherischen Plan, die Nachbarin zu betäuben und zu überwältigen, am Tag nach der ersten Rotweinsause entworfen haben, um ihn vierundzwanzig Stunden später bei der zweiten umzusetzen.

Warum? Warum sollte er, von Emma Fürbrot im Treppenhaus angesprochen und zu ihr eingeladen, nicht darauf vertraut haben, ihr auch ohne Ketamin und Gewalt näherzukommen? Emma Fürbrot wiederum bestätigt, in den fünfzig Jahren Nachbarschaft keine anzügliche Bemerkung, keinen versteckten Annäherungsversuch seitens Frieder Emrichs erlebt zu haben. Er kannte sie als junge und als Frau in den mittleren Jahren, ohne ihr je nachzustellen. Und nun soll er, von seiner Witwenschaft moralisch aus der Spur gebracht, nach der alten Frau eine Gier verspürt haben, die er nicht anders als mit einer perfiden Taktik befriedigen zu können glaubte? Wie auch immer man den Fall dreht und wendet: Jede Variante wirkt so realitätsfern wie die Kolportage eines schlechten Drehbuchautors, der beauftragt wurde, das Thema »Sex im Alter« mal nicht so romantisch anzupacken.

Der Richter unterbricht die Verhandlung. Die Prozessbesucher, der Angeklagte Frieder Emrich und sein Sohn müssen den Saal für eine halbe Stunde verlassen, die der Richter nutzt, um mit der Staatsanwältin und Emma Fürbrot eine Einigung zu erwirken. Sie könnte darin bestehen, dass Frieder Emrich bereit ist, sich für sein Handeln zu entschuldigen, und Emma Fürbrot bereit, die Entschuldigung anzunehmen. Doch das will sie nicht. Sie will ihr Recht. Nach der Verhandlungspause verkündet der Richter, der Prozess werde für drei Monate ausgesetzt, bis dahin ein neues toxikologisches Gutachten erstellt. So irreal jede Version der Geschichte auch sein mag, es bleibt das Ketamin. Irgendjemand muss es an dem Augustabend 2020 irgendwie in das Rotweinglas getan haben.

Inquisition

Ein Dämon? Jawohl, ein Dämon. Franziska Nütrich, die sich selbst Franz nennt, war angeblich von solch einem Wesen besessen. Eine ganze Weile lang wurde ihr Dämon von Stefanie Münz und Mara Oster im Rahmen spiritueller Sitzungen zwei oder drei Mal die Woche ausgetrieben.

Als sich die drei Frauen im Lauf des Jahres 2016 kennenlernten, war von Dingen wie Hexerei, Mystik und Dämonie allerdings noch nicht die Rede. Alle drei waren Bewohnerinnen einer Sozialbausiedlung am Rande Berlins. Sie begegneten sich im Treppenhaus oder im Aufzug, plauderten über dies und das und kamen sich näher. Sie begannen, sich zu Kaffeestündchen zu treffen, mal in der Küche der einen, mal in der Küche der anderen. Daraus wurde ein regelmäßiger und immer symbiotischerer Kontakt. Nach ein paar Wochen verabredeten sie sich schon morgens für den Abend. Sie vereinbarten, wer Lebensmittel einkaufte und wer kochte, und legten sich auf Fernsehsendungen fest, die sie gemeinsam ansahen. Wie jede in ihrer Einzimmerunterkunft allein gelebt hatte, so lebten sie jetzt immer längere Strecken ihres Alltags zu dritt.

Natürlich war es Sympathie, die sie so eng zusammenbrachte, aber auch das gegenseitige Wiedererkennen ihrer Lebenslage. Keine hatte Arbeit, keine Kinder, keine war verheiratet oder liiert. Bei der 19-jährigen Franziska Nütrich, die fast zwei Jahrzehnte von den beiden Älteren trennte, hätte es sich im Fall einer Liebesbeziehung allerdings nicht um einen Mann, sondern um eine Frau gehandelt. Da sie sich in diesem Aspekt von Stefanie Münz und Mara Oster unterschied, in der Dreiergruppe folglich eine Minderheit darstellte und in den Augen der Mehrheit das Wesen des Andersartigen repräsentierte, bot es sich an, dass sie in einem »Das Reich« genannten Hexenspiel die Rolle der Besessenen übernahm. Dieses auf satanistischen Ritualen beruhende Spiel wurde mehr und mehr zum Lebensinhalt der drei Frauen.

Eines Tages hatte Mara Oster ein Hexenbuch mitgebracht, das unter anderem die Spielanleitung für »Das Reich« enthielt. Bei der Lektüre des Buchs fühlten sich die Frauen sofort in ihrem Element. Es erhöhte ihr Zusammensein zu verschwörerischen Treffen einer Geheimsekte. Rückwirkend erschien die zufällige Hausnachbarschaft mehr und mehr als magisch gesteuertes Zueinanderstreben von Auserwählten. Kaffeetrinken, Abendessen, Fernsehschauen: Durchdrungen vom Geist des Spirituellen verlor das eher eintönige Repertoire ihres Alltags ganz von selbst den kränkenden Beigeschmack totgeschlagener Zeit.

In der Garderobe der drei Frauen dominierte von nun an die Farbe Schwarz, auch in ihrer Kosmetik. Sie verwendeten schwarzen Nagellack, schwarzen Lippenstift und malten sich kleopatrahafte Kajalbalken rund um die Augen.

Mara Oster und Stefanie Münz färbten sich die Haare tiefschwarz, flochten sie nach dem Waschen zu bleistiftdünnen Zöpfchen, die sie erst einen Tag später auskämmten. Die nach allen Seiten abstehende Kraushaarfrisur, die sie so erzielten, entsprach ihrer Vorstellung einer wilden Hexenmähne.

Für Franziska Nütrich, die eine grün gefärbte Irokesenbürste auf dem kahl rasierten Schädel trug, kam der schwarze Mähnenlook nicht infrage. Auch dies wurde von den beiden anderen als Indiz ihrer Andersartigkeit, ja ihrer besessenen Widerspenstigkeit ausgelegt. Ebenso ihre Weigerung, von Flaschenbier auf Kräutertee umzusteigen. Je intensiver sich die Freundinnen in »Das Reich« versenkten und sich mit den Regeln der Séance vertraut machten, desto stärker wuchs ihre Überzeugung, dass bei Franziska Nütrich ganz generell etwas aus dem Lot geraten und eine Teufelsaustreibung dringend nötig war.

Sie selbst schloss sich dieser Sichtweise nicht ungern an. Sie fühlte sich in ihrer Rolle der Besessenen keineswegs herabgesetzt, eher sogar ein wenig aufgewertet. Sie betrachtete die Situation, wie es ausgeschimpfte Kinder tun, die sich lauthals beschweren, ungerecht behandelt zu werden, an den elterlichen Standpauken jedoch den Nebeneffekt der zugespitzten Aufmerksamkeit genießen, die ihnen zukommt. Immerhin stehen sie nun im Mittelpunkt.

Die Unstimmigkeit, die Mara Oster und Stefanie Münz an der Freundin bemängelten, war, zumindest deren körperliche Erscheinung betreffend, nicht ganz aus der Luft gegriffen. Die Physiognomie von Franziska Nütrich ist das, was eine Redensart birnenförmig nennt. Auf stämmigen Beinen und einem ausladenden Becken sitzt ein auffallend zarter Oberkörper, der sich nach oben, zu den fast kindlich kleinen Schultern, noch verschmälert. An der Taille scheinen sich zwei Hälften zu treffen, die je einer anderen Gestalt angehören. Wie bei den Puzzlespielen aus kleinen hölzernen Oberkörpern und ebenso vielen Unterkörpern, die so lange hin und her geschoben werden, bis oben wieder zu unten passt und der Feuerwehrhelm auf der Hose des Feuermanns sitzt. Ob aus Trotz oder aus Wurschtigkeit: Mit der Irokesenbürste auf dem Kopf betonte Franziska Nütrich ihren Körperbau noch. Im Bild der Birne stellte sie deren abstehenden Stiel dar.

»Mit der stimmt was nicht«, stellten Mara Oster und Stefanie Münz immer bestimmter und drängender fest und meinten damit die Indikation einer Besessenheit, die den Charakter der Nütrich betraf. Nicht ganz leicht im Umgang war sie wohl tatsächlich. Mal raubeinig und derb, mal mimosenhaft empfindlich, beides aber in so extremer Weise, dass es nach Ansicht der beiden anderen nicht mit rechten Dingen zugehen konnte. Ein Dämon musste für die jähen Stimmungsumschwünge verantwortlich sein. Ein Dämon brachte die 19-jährige auf die Idee, in wuchtigen Armeestiefeln herumzustapfen. Ein Dämon war es, der ihr verbot, die Stiefel vor dem Schlafengehen auszuziehen. Und wenn es eines letzten Beweises bedurft hätte, dass in Franziska Nütrich ein teuflisches Wesen steckte und die Regie über ihr Denken, Reden und Handeln übernommen hatte, dann war es ihr Anspruch, mit dem Männernamen Franz angesprochen zu werden. Wer, wenn nicht ein

Dämon, der als Franz aus ihrem Mund sprach, hätte sie zu diesem Irrsinn bringen können!

In der Originalversion ist für die Inszenierung des »Reichs« ein Ensemble von mindestens zehn Mitspielern vorgesehen. Sie zieht sich von Sonnenuntergang bis zum Sonnenaufgang des darauffolgenden Tages über viele Akte. Mara Oster, Stefanie Münz und Franziska Nütrich gaben sich die Erlaubnis, »Das Reich« in einer Rumpffassung zu spielen. Sie verzichteten auf Rituale, die ihnen zu unappetitlich waren, wie das Opfern von Menstruationsblut und das Trinken des eigenen Urins. Sowie auf Rituale, von denen sie sich kein plausibles Ergebnis versprachen, das Herbeirufen von Toten beispielsweise. Sie beschränkten ihre Hexenabende auf den handfesten und zielgerichteten Akt der Teufelsaustreibung.

Die Rolle der Hexenmeisterin fiel ganz selbstverständlich Mara Oster zu. Sie war die Älteste und gab auch bei allem anderen den Ton an. Außerdem war es ihr Wohnzimmer, in dem die Hexerei stattfand. Stefanie Münz fungierte als sogenannte Hohe Priesterin, was bedeutete, dass sie Mara Oster als Assistentin diente. Die Aufgabe von Franziska Nütrich bestand in nichts anderem als darin, sich in der entscheidenden Spielphase, wenn es auf die Dämonenaustreibung zuging, möglichst wild zu gebärden und sich der Bändigung durch die beiden anderen zu ergeben.

Die Hexenabende begannen wie alle anderen Abende, an denen sich die drei Frauen zusammentaten. Mara Oster stellte aufgebackene Tiefkühlpizza auf den Couchtisch, dazu gab es Kräutertee. Franziska Nütrich hatte ihr Flaschenbier dabei. Irgendwann zwischen 22 und 23 Uhr, also lange nach Sonnenuntergang, nahm Mara Oster die Fernbedienung in die Hand und schaltete den Fernseher aus. Dann löschte sie das Licht im Wohnzimmer, es ist das Signal für den Eintritt in die Sphäre des Übersinnlichen und Satanischen.

Für eine Weile sitzen die Frauen im Dunkeln. Stefanie Münz und Franziska Nütrich schweigen, Mara Oster flüstert salbungsvoll und mit düsterer Stimme Hexensprüche in den Raum, die sie aus dem Buch auswendig gelernt hat. »Ihr Geister der Erde und der Luft, ich rufe euch herbei. Ich rufe eure Kraft herbei, löst die Fesseln des Bösen, nehmt das goldene Schwert eurer Macht, stoßt es ins Herz des Satans, mordet die Fratze des Dämons!« Nachdem sie die Sätze siebenmal wiederholt hat, zündet sie eine Stumpenkerze an, die vor ihr auf dem Tisch steht, und gibt die Streichholzschachtel an Stefanie Münz weiter. Der obliegt es, nun zwei Dutzend im gesamten Wohnzimmer verteilte Teelichter anzuzünden.

Franziska Nütrich sitzt einfach dabei und nimmt in kurzen Abständen einen Schluck Bier nach dem anderen zu sich. Sie trinkt, wie sie es gewohnt ist, direkt aus der Flasche. Normalerweise wird sie von den Freundinnen dafür getadelt. Bei den Hexenabenden ist die Unsitte geradezu erwünscht, sie unterstreicht die Dringlichkeit der bevorstehenden Maßnahme. Nun verschwinden Mara Oster und Stefanie Münz für eine Viertelstunde im Badezimmer. Als sie wieder erscheinen, ähneln sie mit ihren schwarz bemalten Gesichtern Bergarbeitern, die am Ende der Schicht verrußt in den Feierabend gehen. Als Zeichen ihrer dominanten Position trägt Mara Oster einen schwarzen Dreizack auf der Stirn, an ihren Ohren hängen riesige schwarze Plastikkreolen.

Von diesen Attributen, ja von der ganzen Kostümierung war in dem Hexenbuch nicht die Rede. Da die drei Frauen seinen Inhalt aber ohnehin weniger als verbindliches Regelwerk denn als vage Richtungsbeschreibung zur Parallelwelt von Mystik und Magie verstanden und dazu übergegangen waren, sich ihren eigenen Reim auf diese Welt zu machen, störte sie das wenig. Sie verzichteten auch darauf, bestimmte Kernfragen des ganzen Hexenprojekts zu klären, beispielsweise die, auf wen der Begriff Hexe bei ihrem Spiel eigentlich zutraf. Ob auf Franziska Nütrich, die von einem Dämon heimgesucht war, oder auf Mara Oster, deren Aufgabe es war, den Dämon zur Strecke zu bringen. Auch die Frage, wie sie sich bei der Inszenierung im Detail zu verhalten hatten, überließ Mara Oster ihrer persönlichen Intuition. Besser gesagt, sie griff auf Gesten und Bewegungsabläufe zurück, die im christlichen Abendland jeder, auch der Ungläubige, verinnerlicht hat.

Zu Beginn des eigentlichen Rituals stellt sie sich mit gefalteten Händen im Wohnzimmer auf. Stefanie Münz kniet neben ihr. Sie faltet ebenfalls die Hände vor der Brust, ihr Kopf ist andächtig gesenkt. Franziska Nütrich sitzt nach wie vor im Sessel und trinkt Bier aus der Flasche. Die Zeit bis Mitternacht überbrücken die Meisterin und ihre Hohe Priesterin mit einer Mischung aus improvisierten Beschwörungen – Mara Oster sagt vor, Stefanie Münz im Echo nach – und einer Art Inquisition der nun recht angetrunkenen Nütrich.

»Hast du dem Satan gehuldigt?«, fragt Mara Oster mit

scharfer Stimme, und Stefanie Oster wiederholt: »Hast du dem Satan gehuldigt?« Franziska Nütrich nickt stumm und ohne aufzusehen. Sie schaut teilnahmslos zum Boden, die Irokesenbürste in die Schräge geneigt wie den Kopfputz eines Paradepferds, das ein Kunststück vorgeführt hat und nach dem Stück Zucker auf der Hand seines Reiters schnappt. Auf ein Zeichen von Mara Oster nimmt Stefanie Münz eine Lederpeitsche zur Hand, die dem Karnevalsangebot eines Kaufhauses entstammt. Mara Oster breitet die Arme weit aus, die Hände zur Decke gestreckt, als segne sie eine Glaubensgemeinde. Stefanie Münz versetzt daraufhin der apathisch hockenden Franziska Nütrich mit dem Knauf der Peitsche einen leichten Stoß gegen die Schulter. Sie wartet einen Moment, bis Mara Oster nickt. Stoß folgt nun auf Stoß, abwechselnd gegen die rechte und die linke Schulter. Franziska Nütrich rutscht mit schwankendem Kopf im Sessel nach hinten und setzt sich so aufrecht hin, wie es in ihrem alkoholisierten Zustand möglich ist.

Die Stimmen der zwei anderen werden lauter und herrischer. »Sag: Ich habe dem Satan gehuldigt!«, schreit Mara Oster. Stefanie Münz schreit hinterher: »Sag: Ich habe dem Satan gehuldigt!« – »So nimm deine Strafe entgegen, Dämon!«, schreit Mara Oster. Das ist das Stichwort für Stefanie Münz. Sie packt die Faschingspeitsche am Knauf und schlägt mit den Schnüren auf Franziska Nütrich ein. Die wehrt sich mit Händen und Füßen, bäumt sich auf, rollt mit den Augen und brüllt unzusammenhängende Laute ins Wohnzimmer. Stefanie Münz stemmt sich jetzt mit voller Kraft auf den Oberkörper der Besessenen und zwingt sie gegen die Sessellehne. Mara Oster hebt die Arme mit kelchförmig geöffneten Händen über ihren Kopf, legt den Kopf in den Nacken und ruft: »Dämon, ich befehle dir abzulassen vom Körper und von der Seele der Verlorenen!«

Daraufhin sinkt Franziska Nütrich wie ein angestochener Luftballon schlaff in sich zusammen, rutscht kraftlos vom Sessel und bleibt kauernd auf dem Boden liegen. Sie weint, schluchzt und sagt immer wieder »ich habe dem Satan gehuldigt, ich habe dem Satan gehuldigt« vor sich hin. Mara Oster hat die Peitsche von Stefanie Münz übernommen. Sie schwingt sie in Kreisen durch die Luft, um den bekämpften und besiegten Dämon endgültig von Franziska Nütrich und aus dem Wohnzimmer zu verjagen.

Nach einigen Wochen praktizierter Dämonenaustreibung ergaben sich in der Konstellation des Frauentrios zwei neue Faktoren, die sich vermutlich gegenseitig bedingten. Franziska Nütrich und Stefanie Münz wurden ein Liebespaar. Das war die eine Veränderung. Die andere lag in der Gewalt, die bei den Hexenabenden gegen die Besessene angewandt wurde. Mara Oster war zu der Einsicht gelangt, dass dem Dämon, der Franziska Nütrich verlassen sollte, hierfür eine Austrittsöffnung im Leib der Nütrich geschaffen werden musste. Dies hatte zur Folge, dass Franziska Nütrich mehrmals in der Woche im Lauf der Séancen Schnittwunden an den Armen zugefügt wurden. Mara Oster und Stefanie Münz verwendeten dafür ein kleines scharfes Küchenmesser.

Franziska Nütrich ließ es geschehen. Sie gewöhnte sich sogar an das Gemetzel, da es ihr mehr und mehr gefiel,

Wundverbände an Armen und Händen zu tragen und so, auf deutlich sichtbare Weise, als dauerhaft Verletzte zu leben. Die Messerschnitte wurden von Hexenabend zu Hexenabend tiefer und länger. Der letzte reichte von Franziska Nütrichs linkem Handgelenkknochen bis zum Ellenbogen. Als eine Kassiererin des Supermarkts, in dem Franziska Nütrich sich mit Bier versorgte, vom Arm der ohnehin recht auffälligen und ständig bandagierten Kundin Blut aufs Kassenband tropfen sah, informierte sie die Polizei.

Als vor dem Supermarkt zwei Polizisten aus dem Auto stiegen, reagierte Franziska Nütrich im ersten Moment wie ein ertappter Ladendieb, der unauffällig nach einer Fluchtmöglichkeit sucht. Dann aber verstand sie, dass die Beamten nicht darauf aus waren, sie zu beschuldigen oder ihr zu unterstellen, etwas Verbotenes getan zu haben, sondern sie im Gegenteil als Opfer einer verbotenen Tat betrachteten, ja als Sorgenfall behandelten. Sie kam freiwillig mit aufs Revier und erzählte überaus offenherzig von der ganzen Dämonengeschichte. Nicht nur das Interesse an ihrer Person schmeichelte Franziska Nütrich, sondern auch die Tatsache, mit ihrem Bericht, den sie farbig und detailliert ausschmückte, Zuhörer zu beeindrucken, von denen anzunehmen war, dass sie in ihrem Polizistenleben schon so einiges gesehen und gehört hatten.

Nur in einem Punkt wich sie von der Wahrheit ein wenig ab. In Franziska Nütrichs Version der Hexenabende erschien Stefanie Münz als untätige und unschuldige Zuschauerin, der es so wenig wie ihr selbst gelungen war, sich gegen das tyrannische Regiment der Mara Oster aufzulehnen und die Verletzungen mit dem Küchenmesser zu verhindern. Den Polizisten erschien dieser Aspekt nicht recht glaubwürdig. Je länger und ausführlicher Franziska Nütrich die Dämonenaustreibung schilderte, desto mehr waren sie geneigt, die Schilderung als Legende einer seelenkranken Masochistin zu interpretieren, die sich selbst Verletzungen zufügte. Das gab es schließlich öfter bei jungen Frauen. Sie brachten Franziska Nütrich auf die psychiatrische Station eines Krankenhauses, wogegen sie sich keineswegs sträubte.

Franziska Nütrich wird zunächst von einem Arzt untersucht, der ihre Schnittwunden versorgt. Schließlich sitzt sie einer Psychologin gegenüber, der sie die ganze Geschichte noch einmal von vorne erzählt. Die Psychologin glaubt ihr. Sie hält es für denkbar, dass Menschen auch im frühen 21. Jahrhundert auf die Idee kommen, in ihren Privaträumen Teufelsaustreibungen vorzunehmen, bei denen es ausgesprochen unsanft zugeht. Sie wendet sich an die Kriminalpolizei, diese rückt nun bei Mara Oster an und findet in ihrer Wohnung die von Franziska Nütrich erwähnten Hexenutensilien, einschließlich des Küchenmessers. So kommt es zu einer gerichtlichen Anklage wegen schwerer Körperverletzung. Franziska Nütrich nimmt an dem Prozess als Opferzeugin teil. Mara Oster und Stefanie Münz sitzen auf der Anklagebank.

Das Gericht hat es mit den drei Frauen nicht leicht. Zwar bestreiten Mara Oster und Stefanie Münz, jemals Gewalt gegen die Dritte angewandt zu haben. Aber unter dem Eindruck, im Gerichtssaal herrsche eine unterschwellige Belustigung über den Hokuspokus von drei Hartz-IV-

Empfängerinnen, versteifen sie sich immer mehr auf den metaphysischen Ernst der Hexenlehre und die Friedfertigkeit ihrer persönlichen Hexenkünste.

Wie sie denn, will der Richter von Mara Oster wissen, gemerkt habe, dass der Dämon aus Franziska Nütrich austritt? »Herr Richter«, antwortet Mara Oster im Ton geheimnisgeschwängerter Bedeutsamkeit, »dieses Wissen ist mein Schicksal.« Dazu kommt, dass sich Franziska Nütrich vor Gericht energisch darum bemüht, die Hauptangeklagte Oster zu entlasten und die Mitangeklagte Münz zu belasten. In der Zwischenzeit hat sich die Dreierkonstellation nämlich noch einmal verändert. Stefanie Münz und Franziska Nütrich sind kein Paar mehr. Stattdessen ist Mara Oster eine Liebesliaison mit Franziska Nütrich eingegangen, die, anders als in ihrer polizeilichen Aussage, nichts mehr davon wissen will, dass es Mara Oster gewesen sei, die ihr die Messerschnitte zufügte. Beim Zwiebelschneiden, beharrt Franziska Nütrich, habe sie sich die Schnittwunden zugezogen.

»Wie oft schneiden Sie denn Zwiebeln?«, fragt der Richter, dem angesichts der immer wirreren Versionen eine leicht genervte Überforderung anzumerken ist. Am Ende ist niemandem, weder dem Richter noch dem Staatsanwalt und den Anwälten, klar, wer in dieser dubiosen Angelegenheit eigentlich welche Rolle spielte. Wer hohe Priesterin oder dämonisch besessen und wessen Bettgenossin war, wer Zwiebel und wer Ausgangskanäle für Dämonen schnitt, und die beiden Angeklagten werden mangels Beweisführung freigesprochen.

Null Grad Celsius

Frank Meinhard ist der Plagegeist der Mietergemeinschaft Holzmannstraße 12. Er hat mit allen Nachbarn Streit, bei allen schon einmal Sturm geklingelt, ob frühmorgens oder spätabends, um sich zu beschweren.

Anlass zum Ärger über die Leute, die neben, über und unter ihm leben, findet er immer. Er gerät in Rage, wenn er auf der Haustreppe eine Tüte entdeckt, die da nicht hingehört, wenn Türen für sein Empfinden zu laut geöffnet oder geschlossen werden, wenn die von der Decke baumelnde Glühbirne im Keller brennt, obwohl doch ausreichend Tageslicht durch die Belüftungsschlitze dringt. Die Empörung über die Zumutungen, die er als Mitbewohner erleidet, bildet das Zentrum seiner Gefühle und seiner Gedankenwelt.

Nichts aber zerrte so an Frank Meinhard wie der Gestank, von dem er unnachgiebig behauptete, er käme aus der Wohnung links unten im Erdgeschoss und verbreite sich derart penetrant durchs ganze Haus, dass er ihn selbst in seinem Badezimmer in der Nase habe. Zehn Jahre lang roch Frank Meinhard, was niemand sonst riechen konnte. Zehn Jahre lang wählte er wegen des Gestanks so oft die Notrufnummer 110, dass die Polizei ihn verwarnte.

Seine Wutbriefe an die Wohnungsgenossenschaft, die Hausverwaltung und ans Gesundheitsamt füllten mehrere Aktenordner. Nichts geschah. Ein Angestellter der Wohnungsgenossenschaft kam, der Hausverwalter kam, auch vom Gesundheitsamt kam jemand, sie zogen im Hausflur tief Luft ein, schüttelten den Kopf und gingen. Aber der modrige Geruch blieb, zumindest für das Sinnesorgan von Frank Meinhard.

Der Kampf gegen die Qualen seiner Wohnsituation hat ihn so zermürbt, dass er nicht mehr arbeitsfähig und Hartz-IV-Empfänger ist. Er findet kaum Schlaf, sein Bluthochdruck liegt in einem Bereich, der als infarktanfällig gilt. In manchen Nächten war er so am Limit, dass er sich auf den Balkon stellte und seinen Zorn hinausbrüllte. Dann wiederum holen Nachbarn die Polizei.

Aber nur ein überreizter Mensch wie Frank Meinhard war in der Lage, die Berliner Mordkommission und die Staatsanwaltschaft auf die Spur eines diabolischen Verbrechens zu bringen. Nur er fand es nicht normal, dass der Rentner Heinz Oschowski aus dem Erdgeschoss links seit dem Herbst des Jahres 2006 nie mehr zu sehen war, der Zähler im Keller dennoch einen anhaltend hohen Stromverbrauch seiner Wohnung anzeigte, was Frank Meinhard erst wöchentlich, dann täglich überprüfte. Niemand befasste sich mit dem Verschwinden des 80-jährigen Mannes. Nur der Plagegeist ahnte: Hier stinkt was zum Himmel.

Am Abend des 9. Januar 2017 alarmiert er wieder einmal die Polizei. Dieses Mal wählt er nicht 110, er ruft beim nächsten Polizeirevier an, wo seine schrille Verzweiflung tatsächlich Gehör findet. Zwei Beamte fahren zur Holzmannstraße 12, wo sie an der Haustür vom hoch erregt gestikulierenden und monologisierenden Frank Meinhard empfangen werden. Sie betrachten die Wohnungstür im Erdgeschoss links und werden stutzig. Im Schloss steckt ein Metallnagel, der Türrahmen ist mit Silikonmasse verklebt. Dass Frank Meinhard diese Manipulationen selbst bewerkstelligt hat, um auf den verwaisten Zustand der Wohnung aufmerksam zu machen, sagt er selbstverständlich nicht. Aber seine Aktion hat Erfolg. Die Polizisten beschließen kurzerhand, sich Zugang zur Wohnung des Heinz Oschowski zu verschaffen, und rufen die Feuerwehr.

Keine fünfzehn Minuten später erscheinen zwei Feuerwehrmänner. Sie gehen um das Haus herum, das Badezimmerfenster der Wohnung ist gekippt und lässt sich von außen aufhebeln. Ein Feuerwehrmann klettert als Erster hinein und schaut sich um. Die Toilettenschüssel ist ausgetrocknet, die Waschtischarmaturen sind mit einer dicken Staubschicht bedeckt. In der Küche liegen vergilbte Anzeigenblätter vom Spätherbst 2006 auf dem Tisch, die Einkaufsquittungen in der Obstschale daneben haben ebenfalls ein zehn Jahre zurückliegendes Datum. Wohnzimmer und Schlafzimmer sind tadellos aufgeräumt, auf eine unbelebt, seltsam erstarrt wirkende Weise.

Der Feuerwehrmann will die Wohnung schon wieder verlassen, er hat seine Aufgabe erfüllt. Auf dem Weg zum

Badezimmer schaut er noch einmal in die Küche, sein Blick fällt auf eine große Gefriertruhe in der Ecke. Er hebt den Deckel an und sieht einen robusten roten Plastiksack, darum herum ein paar Joghurtbecher. Er schließt den Deckel wieder, die genauere Inspektion der Wohnung ist Polizeiarbeit. Nun klettern auch die zwei Polizeibeamten durch das Badezimmerfenster. Als einer von ihnen die Gefriertruhe öffnet, den schweren roten Plastiksack herauszieht und entfaltet, ruft er seinem Kollegen zu: »Da isser!« Vor ihm liegt der Rumpf einer männlichen Leiche, die Arme sind vor der Brust gefaltet und mit Klebeband fixiert. In drei anderen, zuunterst gelagerten Plastiksäcken finden sich Kopf und Beine.

Von der eingefrorenen Leiche des Heinz Oschowski, deren zersägte Teile zehn Jahre unbemerkt in der Gefriertruhe lagerten, ging keinerlei Verwesungsgeruch aus. Frank Meinhard hatte etwas gerochen, das es ausschließlich für seinen siebten Sinn gab. Zehn Jahre lang wurde der verwitwete, kinderlose Rentner von niemandem vermisst, außer von seinem nervlich angeschlagenen Nachbarn. Nach dem Tod seiner Ehefrau im Jahr 2004 muss um Heinz Oschowski ein vollkommenes soziales Vakuum geherrscht haben. Es gab Gerüchte, er sei nach Thailand oder auf die Kanarischen Inseln ausgewandert, um seinen Lebensabend in sonnigen Gefilden zu verbringen. Diese Gerüchte hatte allerdings sein Mörder gestreut, wenn der Hausmeister oder eine Kioskverkäuferin doch einmal nach dem Rentner fragten.

Heinz Oschowski wurde aber auch von keiner Behörde und keiner Institution vermisst. Der Krankenkasse fiel nicht auf, dass es von dem Senior seit seinem letzten Arztbesuch am 7. November 2006 nie mehr ein Lebenszeichen, aber auch keine Sterbemitteilung gab. Die Rentenversicherung zahlte zehn Jahre lang an einen Toten. Jeden Monat flossen 2200 Euro in die Hände des Mörders, der es laut Anklageschrift der Berliner Staatsanwaltschaft genau darauf abgesehen hatte. Sein Verbrechen zeugt nicht nur von Gier und barbarischer Grausamkeit, es zeugt auch von jener abgebrühten Strategie, die Lücken im System zu nutzen weiß.

Bis vor ein paar Jahren verlangte die Rentenversicherung regelmäßige »Lebensbescheinigungen« von den rund 25 Millionen Rentnern, die dem deutschen Staat angehören. Mittlerweile gilt dies, zur Minderung des bürokratischen Aufwands, nur noch für Rentner, die im Ausland leben. Der von der Boulevardpresse »Stückelmord« genannte Fall ist ein krasses, aber keineswegs seltenes Beispiel des schutzlosen, fragilen Daseins alter Menschen, die in der Vereinsamung wie auf einer weit vom Festland entfernten Insel ihre Tage fristen.

Nachlassende Lebenskraft ist ein Symptom des Alters, nachlassende Sichtbarkeit ein anderes. Wer könnte beschwören, den betagten Mann, hinter dem man fünf Minuten in der Schlange vor der Supermarktkasse stand, am nächsten Tag wiederzuerkennen? Unwillkürlich geht der Blick hinweg über die ermüdeten, oft eintönig gekleideten Gestalten, deren Erscheinung jene Signale fehlen, die in der westlichen Moderne über Sichtbarkeit entscheiden, Vitalität und Individualität. Sie hinterlassen keine alarmierende Lücke, wenn sie aus dem Alltagsbild verschwinden, sie gehörten ihm ohnehin nur noch als eine Art verwischter Schatten an.

Im Oktober 2017 sitzt der 56-jährige Josef Duda, ein gebürtiger Pole, der schon zu DDR-Zeiten mit seiner Mutter nach Deutschland kam, auf der Anklagebank des Berliner Landgerichts. Hat man die Tat vor Augen, die ihm vorgeworfen wird, glaubt man in der gedrungenen Gestalt, dem breiten Nacken, den fleischigen Gesichtszügen und dem verkniffenen Mund die typischen Merkmale des Rohlings zu erkennen. Stünde Josef Duda als Paketbote vor der Tür, sähe man nur einen durchschnittlichen Zeitgenossen.

Am ersten Prozesstag versammeln sich vor dem Gerichtssaal Nachbarn, Freunde und Gelegenheitsbekannte, denen nicht in den Kopf geht, dass der joviale, immer gut gelaunte und hilfsbereite »Joschi« ein Killer sein soll, der einen Mann in vier Teile zersägt hat. Er selbst sagt kein Wort. Stumm und nahezu bewegungslos nimmt er an der Verhandlung teil. Nur aus den Erzählungen der Zeugen lässt sich ein Bild von der Außenseite seines Lebens und seiner Person zusammensetzen. Ihre Innenseite bleibt ein Rätsel. Als gäbe es kein Seil des menschlichen Verstandes, das lang genug wäre, um in die Tiefe der moralischen und seelischen Verkommenheit hinabzuführen, die in Josef Duda dräuen muss.

Dabei war er alles andere als ein lichtscheuer, in seiner Höhle verkrochener Misanthrop, der aus Mangel an sozialem Umgang zum Ungeheuer wurde. Im Gegenteil, er war im Kiez, einem kleinstädtisch anmutenden Viertel am Rand von Ostberlin mit dreistöckigen Wohnblocks, Gemeinschaftsgärten und alteingesessenem Gewerbe, bekannt wie der sprichwörtliche bunte Hund. Er trank morgens beim Bäcker einen Kaffee, wurde von jedem geduzt und an jeder Ecke gegrüßt, wenn er durch die Straßen des Viertels radelte, hatte für kopfschmerzgeplagte Nachbarn ein Aspirin parat und traf sich abends mit Freunden im Automatencasino.

In der Gartenstraße 24, ein paar Fußminuten von der Holzmannstraße 12 entfernt, betrieb er einen Trödelladen, in dessen Hinterräumen er auch wohnte. Der Laden warf nicht viel ab. Seinen Lebensunterhalt verdiente sich Josef Duda, zumindest in den Augen der Kiezgemeinde, als handwerklich geschickter und für alles brauchbarer Gelegenheitsarbeiter. Er konnte Fliesen verlegen, Bistroküchen einbauen und Ikea-Betten zusammenschrauben. Wer »Joschi« durch eine Haustür gehen sah, nahm an, dass seine Handwerkskünste benötigt wurden, um einen Rohrbruch zu beheben oder eine durchgebrannte Stromleitung zu reparieren. Sein Fahrrad stand vor vielen Häusern. Niemand wunderte sich, wenn er es an der Holzmannstraße 12 abstellte, wo er ab und zu die Rollläden in der Wohnung des toten Heinz Oschowski hochzog, um dessen Anwesenheit zu simulieren.

Zwischen dem Fund der Leichenteile und der Festnahme von Josef Duda vergehen keine 48 Stunden. Bilder der Überwachungskamera des EC-Automaten, an dem er kurz zuvor vom Girokonto des Getöteten Geld abgehoben hatte, bringen die Mordkommission auf seine Spur. Die Sparkasse mit dem EC-Automaten liegt zwischen einem Drogeriemarkt und einem Blumengeschäft an der Einkaufsstraße des Viertels. Zu Filialen am anderen Ende

Berlins zu fahren, um sich beim Konto des Rentners zu bedienen, hielt Josef Duda offensichtlich nicht für nötig. Es hätte auch nicht zum Verhalten von Heinz Oschowski gepasst, das es zu imitieren galt.

Bei der Durchsuchung der Hinterräume des Trödelladens in der Gartenstraße 24 kommen zwei Plastiktüten zum Vorschein, darin der Personalausweis, die EC-Karte und Kontoauszüge von Heinz Oschowski. Es war die Requisitenkammer, derer Josef Duda sich bediente, um den Toten offiziell weiterleben zu lassen. Er fälschte seine Unterschrift, zahlte in seinem Namen die Wohnungsmiete, verfasste Steuererklärungen, korrespondierte sogar mit der Hausverwaltung. Sie schob es auf das vorangeschrittene Alter des pensionierten Tiefbauingenieurs Oschowski, dass er orthografische Fehler machte, wie sie zu einem Mann seines Bildungsgrades nicht recht passten.

All das lässt sich rekonstruieren, über das Datum des Todes von Heinz Oschowski nur spekulieren. Nach dem gerichtsmedizinischen Befund wurde er durch einen Steckschuss in die Stirn getötet. Der Staatsanwalt geht davon aus, es müsse zwischen dem 30. Dezember 2006 und dem 1. Januar 2007 geschehen sein, vielleicht während der Silvesterknallerei. Josef Duda könnte sie als akustische Kulisse genutzt haben. Zudem findet sich in der Wohnung des Opfers eine Rechnung, die den Kauf einer Gefriertruhe belegt, die am 30. Dezember 2006 geliefert wurde. Hat sich der Ermordete ahnungslos den eigenen Sarg liefern lassen? Womöglich angeregt von seinem Mörder, der ihn von den Vorzügen haltbarer Tiefkühlkost zu überzeugen wusste?

Erwiesen ist, dass Josef Duda mit seiner damaligen Freundin in der Silvesternacht bei der Familie eines Freundes feierte. Dieser tritt im Prozess als Zeuge auf und bringt ein Video mit, das von der Party aufgenommen wurde. Man sieht Josef Duda auf der Wohnzimmercouch sitzen und eine Luftschlange aufblasen. Man sieht ihn beim Karaoke singen, gut hörbar trällert er »Und wenn ein Lied meine Lippen verlässt ...« von Xavier Naidoo.

Hat er Heinz Oschowski bereits am Silvesternachmittag getötet, anschließend seine Freundin abgeholt, um ihr beim Transport einer großen Schüssel Kartoffelsalat zu helfen, sich dann zur Wohnung des Freundes begeben, wo er dessen Aussage zufolge etwa um 19 Uhr eintraf und bis zum Bleigießen nach Mitternacht blieb? Es ist eine Theorie, beweisbar ist sie nicht. Vollkommen unbestimmbar sind Ort und Zeitpunkt des am Leichnam von Heinz Oschowski begangenen Massakers. In seiner Wohnung findet sich nicht die kleinste, noch so schwache Blutspur, wenn auch ein Indiz, das für eine Mordanklage ausreicht: Josef Dudas Fingerabdrücke an den roten Plastiksäcken. Weshalb kam er bei aller Raffinesse seiner offensichtlich von langer Hand vorbereiteten Tat nicht auf die Idee, Gummihandschuhe zu verwenden? Bei dem Gewehr, das er illegal besaß, handelte es sich nicht um die Mordwaffe. Sie bleibt unauffindbar.

Noch im Januar 2017, kurz nach der Verhaftung Josef Dudas, nimmt die Mordkommission in einem zweiten Fall Ermittlungen gegen ihn auf. Auch sie beziehen sich auf einen alten Menschen, auf die Rentnerin Irene Weidlich. Seit dem Jahr 2000 wurde sie nicht mehr gesehen.

Zwei Jahre lang galt sie als vermisst, dann wurde ihre verwahrloste Wohnung im Erdgeschoss Wittenbergweg 2, drei Parallelstraßen von der Holzmannstraße entfernt, zwangsgeräumt. Mehr geschah von Behördenseite nicht. Keine polizeiliche Nachforschung, keine Mitteilung an die Bank, Krankenkasse oder Rentenversicherung, die wiederum über Jahre hin an eine verschwundene Person zahlte. Vom Konto Irene Weidlichs, an die sich Zeugen als höchst unleidliche und verschrobene Frau erinnern, wurden per Dauerauftrag jeden Monat 800 Euro Rente auf ein anderes Konto überwiesen: auf das von Heinz Oschowski.

Die einzige von der Rentnerin existierende Spur ist ihr Personalausweis. Er leistete dem von Heinz Oschowski in der Plastiktüte Gesellschaft, die in den Hinterräumen des Trödelladens auftauchte. Mit der makabren Effizienz, die das Handeln von Josef Duda auszeichnet, hatte er nicht nur die Vermögen und die Dokumente der beiden Alten zusammengeführt, sondern auch ihre Post. Auf seinem Briefkasten in der Gartenstraße 24 standen untereinander drei Namen: Heinz Oschowski, Irene Weidlich, Josef Duda. Er ließ sich die Post seiner Opfer mithilfe von Nachsendeanträgen ganz einfach an seine persönliche Wohnadresse schicken.

Aber ist Irene Weidlich überhaupt das zweite Opfer des Angeklagten? Es liegt auf der Hand. Nur fehlt für eine Anklage ihre Leiche. »Ich kann sie auch nicht aus dem Wald herbeizaubern«, sagt der Staatsanwalt und hebt die Hände zum Kopf, als wolle er sich die Haare raufen. Der Verteidiger von Josef Duda schaut auf den Bildschirm seines Laptops. Sein Mandant, das weiß er, wird seinen Rat befolgen und zu allem schweigen.

Wenn Menschen so radikal vereinsamen, dass sie unbemerkt verschwinden oder wochenlang tot in ihrer Wohnung liegen, vermutet man das Drama gewöhnlich in der Lebenswelt großstädtischer Anonymität, wo der Kontakt zwischen Nachbarn über ein stummes Nicken nicht hinausgeht. Der Kiez, in dem sich der »Stückelmord« zutrug, passt nicht in dieses Bild. Hier kannte jeder jeden und blieb kein Ehestreit geheim. Auch Täter und Opfer kannten sich, seit Langem.

In den Neunzigerjahren wohnte Josef Duda mit seiner Mutter, die damals noch lebte, im ersten Stock des Hauses Wittenbergweg 2. Er wohnte direkt über Irene Weidlich, die ab dem Jahr 2000 nicht mehr gesehen wurde und deren Lebensverhältnisse Josef Duda aus nachbarschaftlicher Nähe gekannt haben dürfte. Bevor er 2004 seine Zelte in der Gartenstraße 4 aufschlug und den Trödelladen übernahm, kam er bei einer Lehrerin unter, die ihm als Liebhaberin zugetan war und ihn als Haushaltschefin zu allerlei Dienstbotenfunktionen verpflichtet haben soll. Was es mit der Liaison auf sich hatte, lässt sich nicht näher ergründen. Die als Prozesszeugin geladene Lehrerin wird durch ein ärztliches Attest von ihrem Erscheinen vor Gericht befreit.

Auch ohne ihre Aussage steht das entscheidende Faktum fest: Die Wohnung, die sie für ein paar Jahre mit Josef Duda teilte, hat die Adresse Holzmannstraße 12. Sie liegt im Erdgeschoss rechts. Genau gegenüber wohnten Heinz Oschowski und seine Ehefrau. Die beiden Paare waren nicht befreundet, aber doch ausreichend bekannt, um sich mit Lebensmitteln auszuhelfen, gegenseitig Postpakete anzunehmen und bei diesen Gelegenheiten zu plaudern. Zwischen Tür und Tür erzählte Heinz Oschowski einmal, er müsse sich leider von seinem Ruderboot verabschieden, das am Ufer eines brandenburgischen Sees ankerte. Ihm fehle die Kraft für Ruderpartien. Er freute sich, als die Lehrerin vorschlug, das Boot zu kaufen. So blieb es ja zumindest im Haus. Den Kaufvertrag unterschrieb sie am Küchentisch der Oschowskis.

Benutzt wurde das Boot dann von Josef Duda. Er war ein passionierter Angler, verzog sich gern mit Schlafsack und Kocher für ganze Wochenenden an Seen im Umland, kehrte mit Eimern voller Fische zurück, die er im Kiez verschenkte. Die andere Tätigkeit, mit der Josef Duda seine Freizeit verbrachte, gilt als weniger harmlos und meditativ. Er verzockte gewaltige Summen an Spielautomaten. Nächtelang spielte er in Kneipen und Casinos auch außerhalb des Viertels, dessen Bewohner sich irgendwann doch gewundert hätten über die Geldreserven von »Joschi«.

Zwei Jahre nachdem die Lehrerin die Wohnung in der Holzmannstraße 12 verlassen und Josef Duda eine Unterkunft im Trödelladen Gartenstraße 24 gefunden hatte, verwitwete Heinz Oschowski. Er hatte noch weitere zwei Jahre zu leben. In dieser Zeit muss sich Josef Duda das Vertrauen des Vereinsamten erschlichen, ihn mit inszenierter Anteilnahme und Hilfsbereitschaft so eingelullt haben, dass der Rentner ihm nicht nur seinen Wohnungsschlüssel, sondern sogar seine EC-Karte für Einkäufe überließ.

Nachbarn erinnern sich, dass Heinz Oschowski bisweilen im geöffneten Fenster seines Wohnzimmers lehnte und sich mit Josef Duda unterhielt, wenn der Handwerker vorbeiradelte. Wie eng der Kontakt zwischen den Männern in Wahrheit war, wusste niemand und konnte sich auch niemand vorstellen. Vertrauensseligkeit zählte zu den am wenigsten bei Heinz Oschowski vermuteten Eigenschaften. Manchmal beklagte sich seine Frau bei den Ehefrauen der Männerskatrunde, der er angehörte – es war seine einzige gesellige Aktivität –, über die misstrauische Art und den kleinlichen Geiz ihres Mannes. Sehnlich wünschte sie sich eine moderne Einbauküche. Er hielt nichts von der Anschaffung und rechnete ihr vor, dass sie sich in ihrem Alter nicht mehr lohne. Auch eine Gefriertruhe hätte sie gerne gehabt und bekam sie nicht.

Hätte Frank Meinhard nicht am 9. Januar 2017 die Polizei dazu gebracht, in die Wohnung von Heinz Oschowski einzudringen, wäre dessen Leiche wohl nie entdeckt worden. Denn die Wohnung war zum 1. Februar 2017 gekündigt, die Kündigung mit H. O. unterschrieben. Der Staatsanwalt geht davon aus, dass Josef Duda den Inhalt der Gefriertruhe zuvor in zwei großen Reisetaschen abtransportieren wollte. Sie standen im Schlafzimmer schon bereit. Zwei funkelnagelneue Reisetaschen, an denen noch die Preisschilder hingen. »Es war«, sagt der Staatsanwalt, »wirklich der letzte Moment.«

Josef Duda muss, so ist zu vermuten, in dem permanent erregten Plagegeist aus dem ersten Stock, der sich in alles einmischte und im Hausflur jeden wegen irgendetwas zur Rede stellte, eine Gefahr erkannt haben. Für Frank

Meinhard selbst ist der Albtraum des Gestanks aus dem Erdgeschoss noch nicht zu Ende. Nach wie vor kriechen entsetzliche Gerüche in seine Wohnung, wenn auch andere als früher.

Exotische Liebe

Hätte man Karim Mamdouh gefragt, woran er eine schamlose Frau erkenne, wäre ihm vieles eingefallen. Daran, dass sie kurze Röcke trägt, auf der Straße nicht den Blick senkt, ihrem Gatten nicht gehorcht, abends alleine ausgeht, und natürlich daran, dass sie fremde Männer küsst. Am 5. Dezember 2017 ermordete er die Frau, die ihn zwanzig Jahre zuvor aus einer Laune oder einer jähen Aufwallung von Lust heraus auf den Mund geküsst hatte. Es war für den damals fast 30-jährigen Syrer der erste Kontakt dieser Art mit dem weiblichen Geschlecht.

Als der Kuss auf seinen Lippen explodierte, hielt er sich seit einem Jahr in Deutschland auf und war halb entschlossen, zurückzugehen nach Damaskus, zur anderen Hälfte entschlossen zu bleiben. Die Häuser und die Menschen sahen anders aus, in den Lebensmittelläden lagen andere Waren, die Sprache war eine andere. Aber das Leben, das er führte, war das gleiche wie zuvor.

Vor allem war er, was ihn an der Emigration am meisten enttäuschte, der gleiche Mensch, antriebslos, gehemmt und immer am Rand. Wenn er sich abends vornahm, am nächsten Tag einen Aushilfsjob zu suchen, fand er am

Morgen nicht die Kraft, etwas anderes zu tun als am Küchentisch des Großcousins zu sitzen, bei dem er in Berlin untergekommen war, und zu warten, ob ein Wunder geschähe oder wenigstens ein Bekannter vorbeikäme, um gemeinsam Tee zu trinken. Unter Qualen hatte er in Syrien den Wehrdienst absolviert, danach eine Elektrikerlehre begonnen und beendet, aber seine ohnehin zaghaften Anläufe, im Arbeitsleben Tritt zu fassen, verliefen im Sand. Seine Eltern waren nicht ganz unglücklich, ihn nach Deutschland entschwinden zu sehen. Sie hatten mit seinen dreizehn Geschwistern genug zu tun.

Schockiert und neidvoll zugleich beobachtete Karim Mamdouh den, wie es ihm schien, fliegenden Wechsel deutscher Frauen, die der Großcousin zu den verschiedensten Tages- und Nachtzeiten in sein Zimmer führte. Handelte es sich zwei Monate lang um eine schmale Blonde, dann bald darauf um eine hüftbreite Brünette, die irgendwann auch nicht mehr zu sehen war. Huren waren sie für Karim Mamdouh allesamt.

Bemisst man die Glückschancen eines Paars nach seiner Fähigkeit, sich gegenseitig als Individuen zu betrachten, nicht als Projektion einer Idee, dann hatten Karim Mamdouh und Veronika Erlau von Beginn an schlechte Karten. Für ihn verkörperte sie das Inbild sexueller Freizügigkeit, so erschreckend wie bannend. Er begegnete ihr eines Tages im Flur der Wohnung des Großcousins, aus dessen Harem sie verabschiedet worden war, was ihre Lebenslust nicht sonderlich gedämpft zu haben schien. »Hallo!«, begrüßte sie Karim Mamdouh, als sie sich gegenüberstanden, »du kommst auch aus Syrien, gell?« Sie zog ihn an sich, um ihn zur Begrüßung zu umarmen, für einen Moment lagen ihre Wangen aneinander, und plötzlich küsste sie Karim Mamdouh auf den Mund.

In der Nacht darauf lag er zum ersten Mal mit einer Frau im Bett. Er lernte atemberaubende Dinge kennen und das sich zur Obsession steigernde Gefühl, nicht als er selbst, sondern als Exemplar der von Veronika Erlau bevorzugten Liebesobjekte gemeint zu sein. Sie mochte Männer, die darstellten, was sie unter exotisch verstand. Sie habe, sagen ihre Schwester und ihre Mutter, die im Frühsommer 2018 als Zeuginnen im Mordprozess gegen Karim Mamdouh auftreten, überhaupt »das Bunte« geliebt. Offensichtlich ein Überbegriff für alles Fremdartige, egal was und woher; ob indische Klangschalen, marokkanisches Henna, tibetische Tischbuddhas, afrikanische Flechtfrisuren, jamaikanische Musik, türkische Tischläufer oder türkische Männer und ganz generell der arabischen Welt entstammende Männer.

Es fällt schwer, das Wort »bunt« auf den Angeklagten Karim Mamdouh anzuwenden. Von der Trainingshose über den Bartschatten bis zum stumpfen Blick würde man seine Erscheinung eher als grau bezeichnen. Während der ersten Prozesstage ist kein Wort aus seinem Mund zu hören, bisweilen ist er nicht einmal zu sehen. Er sitzt hinter einem rechteckigen, oberhalb der hüfthohen Holzbrüstung aus einem schmiedeeisernen Gitter geformten Kasten, der die Anklagebank umschließt. Minutenlang lässt er seinen Oberkörper so tief nach vorn fallen, dass er hinter dem hölzernen Unterteil völlig verschwindet, was den Gerichtsdiener veranlasst, sich immer mal wieder über die Brüstung zu beugen und nachzuschauen, was mit dem Angeklagten los ist. Ob er in Ohnmacht gefallen oder eingeschlafen ist. Er kann auch vor zwanzig Jahren kein Omar Sharif gewesen sein. Aber Veronika Erlau sah in ihm einen solchen, wie er in ihr eine Frau lockerer Sitten, die es zu überwachen galt. Haltlos waren sie beide.

Sie wurden ein Paar, heirateten bald und bezogen eine Wohnung in Kreuzberg. Veronika Erlau trat zum Islam über. Ihre Freundinnen waren befremdet, sie mit einem eng unter dem Kinn gebundenen Kopftuch und in langen Gewändern zu sehen, wenn sie sich mit ihr zum Spazierengehen im Park verabredeten. In Cafés und Clubs ging sie nicht mehr, auch nicht ins Kino. Es gehöre sich nicht für eine Muslima, erklärte Veronika Erlau, die noch ein Jahr zuvor die Mahnung eines Bademeisters, beim Sonnenbaden im Freibad ihren Busen zu bedecken, empört von sich gewiesen hatte. Sie trank keinen Alkohol, rauchte keine Zigaretten und befolgte das Regelwerk des Ramadans strenger, als es Karim Mamdouh je getan hatte. Sie bekamen drei Kinder, bei jedem argwöhnte Karim Mamdouh, es sei nicht von ihm.

Die Kinder mussten zum Arzt gebracht werden, sie mussten an die Luft und auf Spielplätze, mit drei Jahren kamen sie in eine Kindertagesstätte, der Haushalt verlangte Einkäufe in Supermärkten, Kaufhäusern und Drogerien. Auf all diesen Wegen, die nicht er, sondern Veronika Erlau allein zurücklegte, sah Karim Mamdouh Männer, die begehrliche Blicke auf sie warfen. Und noch entsetzlicher: Er sah, wie sie diese Blicke erwiderte und zu erkennen gab, wer sie unter dem Kopftuch und den langen Gewändern in

Wirklichkeit war, eine sexlüsterne und für jeden zu habende Frau.

Mit wem hatte sie im Wartezimmer des Arztes gesprochen? Mit wem auf dem Spielplatz? Arbeiteten in der Kindertagesstätte etwa auch männliche Erzieher? Hatte sie im Drogeriemarkt einen Bogen um den Stand mit Kondomen gemacht? Mit wie vielen Männern hatte sie geschlafen, bevor sie ihn kennenlernte? Wie oft, wie lang, mit welchen Praktiken, welchem Lustgewinn, in welchen Betten? Hatten sich die Männer vollständig entkleidet, hatte sie ihr Geschlecht mit den Händen, gar mit dem Mund berührt? Es war das immer gleiche Verhör, mit dem er sie von der Küche ins Wohnzimmer und vom Wohnzimmer ins Bad verfolgte. Je unwilliger sie antwortete, je mehr Überdruss und Verachtung sie ihn spüren ließ, desto mehr wurde es zur Hauptbeschäftigung seines Gehirns, Veronika Erlau unter den Leib eines vor Geilheit schwitzenden Mannes zu fantasieren.

So, nämlich närrisch und obendrein faul, hatte sie sich einen arabischen Ehemann nicht vorgestellt, eine muslimische Ehe auch nicht. Sie kehrte zurück zu dem Leben, das sie bis zur Begegnung im Wohnungsflur geführt hatte. Sie kleidete sich wieder, wie sich deutsche Frauen kleiden, sie ging abends aus, wenn die Kinder im Bett lagen, und meldete sich in einem Fitnessklub an, um auch ihre Figur auf den alten Stand zu bringen.

Außer Zornesanfällen, die sich mit Weinkrämpfen abwechselten, hatte Karim Mamdouh kein Mittel, sie von dem abzuhalten, was er Hurerei nannte. Das Argument, der Ernährer und schon deshalb das Oberhaupt der Familie zu sein, dem zu gehorchen war, stand ihm nicht zur Verfügung, da er die Familie nicht ernährte. Sie lebten von Sozialhilfe, Kindergeld und Mietzuschuss. Geschlagen habe er Veronika nie, sagen ihre Schwester und ihre Mutter. Aber er habe sich aufgeführt wie ein irr gewordener Gefängniswärter.

Nach zehn Jahren will Veronika Erlau nur noch eines: ihn loswerden. Er zieht allein in eine Einzimmerwohnung ein paar Straßen entfernt. Nach wie vor kommt er abends zum Essen und lungert bis Mitternacht herum, um zu kontrollieren, ob seine Frau ausgeht und wann sie heimkommt. Zehn weitere Jahre gleicht der Kontakt des Paars, das eigentlich keines mehr ist, einer Achterbahnfahrt. Auf kurze Strecken plötzlicher Verliebtheit, aus denen ein viertes Kind hervorgeht, folgen lange der Ächtung. Mal ängstigt sich Veronika Erlau vor der stalkerhaften Überwachung des »Psychos«, wie sie ihn Freundinnen gegenüber nennt, mal legt sie sich mit ihm ins Bett.

Dann wird der Albtraum von Karim Mamdouh Realität. Der Verdacht, der vor zwanzig Jahren begann, ihn wie ein Parasit in seinem Inneren aufzufressen, wird zur Gewissheit, und die Gewissheit hat ein Gesicht. Drei Tage vor dem 5. Dezember 2017 sieht Karim Mamdouh von der gegenüberliegenden Straßenseite, wie Veronika mit den zwei Söhnen aus dem Haus kommt, vom türkischen Fußballtrainer der Kinder mit Küssen begrüßt wird und in seinem Auto davonfährt. Ein großer, sportlicher und attraktiver Türke. Ihr neuer Liebhaber. Der Mann, mit dem sie jetzt schläft. Einen Tag später findet er auf dem Smartphone seiner jüngsten Tochter aufreizende Nacktfotos von

Veronika. Sie waren versehentlich dort gelandet. Aufgenommen, wie Karim Mamdouh folgert, für den Türken.

Er weiß, dass die Kinder in der Schule sind, als er am Morgen des 5. Dezember 2017 mit einem Nachschlüssel, den er schon vor Jahren heimlich anfertigen ließ, in die Wohnung der Familie eindringt. Es kommt zum Streit wegen der Fotos. Das räumt Karim Mamdouh im Prozess ein. An mehr könne er sich, teilen seine Verteidiger mit, nicht erinnern.

Er muss ihr einen heftigen Schlag gegen den Kopf versetzt, sie dann von hinten mit einem elastischen Gegenstand gewürgt haben, vermutlich mit einer Kinderstrumpfhose. Er muss die Schlinge um ihren Hals immer fester zugezogen haben, mindestens fünf Minuten lang. Einhellig erklären der Gerichtsmediziner und ein Arzt der Berliner Charité, wo Veronika Erlau drei Tage später verstarb, selten so starke Einblutungen im Gesicht und im Gehirn eines strangulierten Menschen gesehen zu haben. Um 13:12 Uhr geht am 5. Dezember 2017 bei der Leitstelle der Feuerwehr ein Notruf ein. Das aufgezeichnete Telefonat wird am ersten Prozesstag vorgespielt. Es dauert neun qualvolle Minuten.

»Ich habe gerade meine Frau umgebracht«, sagt Karim Mamdouh

»Wo sind Sie?«, fragt die Mitarbeiterin der Leitstelle. Er nennt die Adresse.

»Was haben Sie mit Ihrer Frau gemacht?«

»Erwürgt.«

»Der Rettungswagen wird gleich da sein. Können Sie Ihr Telefon laut stellen?«

»Ja.«

»Bitte gehen Sie zu Ihrer Frau und fühlen ihren Puls.«

»Ich kann sie nicht anfassen.«

»Doch, bitte! Gehen Sie zu Ihrer Frau!«

»Haben Sie den Puls gefühlt?«

»Ja.«

»Machen Sie jetzt genau, was ich Ihnen sage. Bitte drehen Sie Ihre Frau auf den Rücken.«

»Ja.«

»Liegt sie auf dem Rücken?«

»Ja.«

»Drücken Sie mit beiden Händen auf den Brustkorb. Drücken und loslassen, drücken und loslassen, drücken und loslassen. Eins, zwei, drei, genau in meinem Takt, eins, zwei, drei. Immer weiter, folgen Sie meinem Takt. Hören Sie nicht auf!«

»Ja.«

»Drücken Sie noch?«

»Ja.«

»Ich weiß, dass das anstrengend ist. Bitte machen Sie weiter, nicht aufhören! Eins, zwei, drei. Ich habe hier den Rettungswagen auf dem Schirm. Machen Sie weiter, eins, zwei, drei.«

»Ja.«

»Der Rettungswagen biegt in die Straße ein, er ist in einer Minute da. Hören Sie nicht auf! Bleiben Sie bei Ihrer Frau! Gehen Sie nicht zur Tür, die Rettung weiß Bescheid, dass sie die Tür aufstemmen soll. Machen Sie bitte weiter!«

Der Notarzt, ein Sanitäter und die kurz darauf eintreffende Polizei finden Veronika Erlau im Badezimmer. Sie liegt auf der Seite, eingeklemmt zwischen Waschtisch und Toilette. Karim Mamdouh kauert im Flur.

Neun Minuten lang hatte er da gekauert und die Telefonstimme ins Leere reden lassen. Er wollte, anders lässt sich seine berechnende Erbarmungslosigkeit nicht verstehen, sichergehen, dass Veronika Erlau den Tod findet. Er tötete mit Vorsatz, weswegen er wegen Mordes angeklagt ist, nicht wegen Totschlags. Auf Mord steht lebenslang, auf Totschlag nicht. Um diesen Unterschied wird es am Ende des Prozesses gehen, wenn der Richter das Strafmaß verkündet. Jeder im Gerichtssaal weiß es, auch der Angeklagte weiß es. Seine beiden Verteidiger haben ihn darauf eingeschworen, besser nichts zu sagen als etwas Verfängliches.

Es ist der letzte Prozesstag, die Verteidiger halten ihre Schlussplädoyers. Sie bauen ihre Argumentation auf der These auf, das Hauptmotiv ihres Mandanten sei die panische Furcht gewesen, seine Vaterrolle an den türkischen Liebhaber von Veronika Erlau und seine vier Kinder aus den Augen zu verlieren. Hört Karim Mamdouh überhaupt zu? Oder hat er sich längst mit allem abgefunden, egal, wie das Urteil lautet? Mit weit vornübergebeugtem Oberkörper sitzt er hinter dem Kasten auf der Anklagebank. Plötzlich springt er auf, sein Gesicht ist gerötet. »Ich möchte sagen«, ruft er in den Saal, »dass diese Sache nicht meine Absicht war und ich sie nicht verschuldet habe!«

Die Verteidiger schauen regungslos in die Luft. Kein Wort der Reue. Mit keiner Silbe erwähnt Karim Mamdouh die Kinder, denen er die Mutter nahm. Aber er ist noch nicht fertig, er macht einen Schritt nach vorn auf das schmiedeeiserne Gitter zu, er schreit jetzt. »Wenn ich verantwortlich sein soll, dann sind noch drei andere Menschen verantwortlich, der Vater, die Mutter und die Schwester.« Die Verteidiger erstarren. Auf diese krude Äußerung ihres Mandanten waren sie nicht vorbereitet. Sie lässt sich nur so interpretieren: Hätte ihre Familie Veronika an die Kandare genommen, hätte sie das hurenhafte Treiben der Tochter und Schwester verhindert, dann wäre es nicht zum Mord gekommen. Ein Viertel der Schuld mag auf sein Konto gehen, drei Viertel aber auf das einer moralisch verderbten deutschen Sippe.

Im Gerichtssaal herrscht Stille. Ein Phantom, das während des zweimonatigen Prozesses immer mal wieder in Nebensätzen auftauchte, nimmt greifbare Gestalt an. Es wurde »kultureller Hintergrund«, »Verwurzelung in muslimischen Traditionen« oder »arabische Herkunft« genannt und bezeichnete den Umstand, dass auf der Anklagebank ein Syrer sitzt. Ein Mann, dessen importierte Denkweise einen nicht unmaßgeblichen, wenn auch schwer bezifferbaren Anteil an seinem Verbrechen haben könnte. Für die rechtliche Bewertung des Falls spielt es kaum eine Rolle. Aber jedem drängt das Phantom eine Frage auf. Wäre Veronika Erlau noch am Leben, wenn sie vor zwanzig Jahren einen Dänen kennengelernt und spontan auf den Mund geküsst hätte? Wie und mit welcher Kraft befeuern Kultur und Geschlechterideologie das Mordmotiv eines Mannes, der nicht in Kopenhagen, in Kiel oder Passau aufwuchs, sondern in Damaskus?

An allen Prozesstagen finden sich Freunde und Verwandte von Veronika Erlau im Gerichtssaal ein. Von der

Seite des Angeklagten kommt niemand, nicht eine Person. Er konnte dem psychiatrischen Gutachter auch nichts über seine Familie berichten. Ob und wie sie den Syrienkrieg überstand, ob seine Eltern noch leben, welche Geschwister geheiratet haben, möglicherweise flüchteten und wenn, wohin. Karim Mamdouh kann dazu nichts sagen, weil er nichts davon weiß. Weil ihm im Delirium seiner allein um Veronika irrenden Gedanken und Gefühle jeder andere Bezug zur Realität abhandengekommen ist. Das dürfte bei einem in Kiel oder Passau geborenen Mann, der aus brutal wütender Eifersucht seine Frau umbringt, nicht anders sein.

Aber es zeigt, dass Karim Mamdouh das Gesetz der familiären Mitverantwortung nur zur Umverteilung seiner Schuld dient. Nähme er diese Verantwortung ernst, weil sie zu seinen kulturellen Überzeugungen gehört, würde man annehmen, dass er über das Schicksal seiner eigenen Eltern, Brüder und Schwestern Auskunft geben kann. Karim Mamdouh wird wegen Mordes zu einer lebenslangen Freiheitsstrafe verurteilt. Er hätte, sagt der Vorsitzende in strengem Ton, »nach zwanzig Jahren wissen müssen, dass eine Frau hierzulande frei entscheiden kann, was sie tun und wie sie leben will. Auch wenn das schwer zu akzeptieren ist für jemand wie Sie.«

Es ist nicht recht klar, ob der Mann, dem die Lektion erteilt wird, noch zuhört. Sein Oberkörper ist wieder tief nach vorn gekippt.

Das Duell

Die Geschichte von Ödipus, der den eigenen Vater erschlägt, hat eine weniger bekannte Vorgeschichte, und wenn man sie dazu denkt, sind Opfer und Täter nicht so leicht zu unterscheiden. Denn Laios, der Vater, ist keineswegs unschuldig. Als junger Mann wurde er von seinem Ziehvater Pelops verflucht, weil er dessen Sohn liebte und entführte. Sollte er, so lautete der Fluch, je selbst einen Sohn haben, sei dieser dazu bestimmt, ihn zu töten. Als seine Frau Iokaste ein Kind zur Welt bringt, lässt Laios den Säugling mit durchstoßenen Knöcheln im Gebirge aussetzen. Aber ein Hirte findet das Kind und zieht es groß.

Dem Vatermord geht ein versuchter Sohnesmord voraus, und der jahrtausendealte Mythos lässt sich als mörderisches Duell verstehen, bei dem es letztlich nur darum geht, wer wen zuerst erledigt. Es ist die Geschichte des 56-jährigen Heinrich Blum, der am späten Abend des 27. September 2017 seinen Sohn Fritz mit einem Messerstich tötete.

Im Frühsommer darauf steht Heinrich Blum vor Gericht. Es vergeht kein Verhandlungstag, an dem er nicht unter Tränen und in unfassbarer Verzweiflung immer wieder sagt: »Ich habe Fritz sehr geliebt.« Fritz wurde 27 Jahre alt. Es waren 27 Jahre eines Familiendramas, das eine Reihe gesellschaftlicher Konflikte berührt. Die Verunsicherung von Eltern, die nicht wissen, welches Maß an Autorität das richtige ist. Die Krise moderner Männlichkeitsbilder. Auch das Unterlegenheitsgefühl ehemaliger Bürger der DDR. Zugleich wirkt diese Tragödie, als hätten die Menschen, die sie erlitten, unter dem Erfüllungszwang eines archaischen Fluchs gestanden.

Der Tag, der mit dem Tod von Fritz enden wird, eskaliert ab der Mittagszeit wie zahllose vorangegangene Tage. Heinrich Blum hat Urlaub. Er verdient sein Geld als Haustechniker für einen Dienstleistungskonzern. Er ist frühmorgens aufgestanden, er will den Tag nutzen, um im Garten Holz klein zu machen. Das zweistöckige Haus der Familie liegt in einem stillen Wohnviertel eines Ostberliner Bezirks. Hier leben Mittelständler, die ihr kleines Reich liebevoll pflegen und aus den Schuhen schlüpfen, wenn sie nach dem Rasenmähen durch die Terrassentür ins Wohnzimmer treten. Es gibt keine überlaufenden Mülltonnen, keine wild wuchernden Hecken, auch keine Swimmingpools, die größeren Wohlstand verrieten. An Sommerabenden zieht der Geruch von Grillwürsten durch die Straßen.

Zur DDR-Zeit befand sich in dem Haus ein Konsum. Nach der Wende konnte Heinrich Blum es günstig erwerben und baute es eigenhändig um. Jede Wand hat er selbst versetzt, jedes Fenster eingebaut, jeden Zentimeter in den zwei Badezimmern selbst gefliest. Wenn er vor Gericht davon erzählt, ist der Typus des bienenfleißigen Kleinbürgers, der um sein geschütztes Fleckchen sozialer Sicherheit kämpft, mit Händen zu greifen. Es ist aber auch ein Mann zu erkennen, dessen Natur es ist, sich noch kleiner zu machen, als er ist. Alle, erzählt er ungefragt, hätten damals über ihn gelacht. »Wat willste mit den alten Konsum, det is 'ne Ruine.«

Um die Mittagszeit geht er in die Küche, um sich eine Mahlzeit zuzubereiten. Er trifft auf Fritz und stellt ihn zur Rede, weil er den Tag mit Nichtstun verbummelt, weil er schon wieder angetrunken ist. Fritz hat mehrere Flaschen Bier intus und rast vor Zorn. In der Post lag ein Schreiben vom Jobcenter. Es kündigt die Kürzung seiner monatlichen Zahlungen an.

Seit ein paar Monaten haust der Sohn wieder einmal beim Vater, wie so oft. Fritz kommt und geht, wann und wie es ihm passt. Nistet sich ein, wenn er nach der Entlassung aus dem Gefängnis keine andere Bleibe hat oder von einer Freundin aus der Wohnung geworfen wurde. Mitten in der Nacht donnert er so lange an die Haustür, bis Heinrich Blum nicht anders kann, als ihn hereinzulassen. Nachbarn erinnern sich, von Lärm erwacht zu sein, der sich wie der Überfall marodierender Horden anhörte. Fritz plündert den Kühlschrank und den Geldbeutel des Vaters. Er stiehlt seinen Autoschlüssel und fährt den Wagen einen Tag später im Suff zu Schrott. »Ich bin hier der Chef« ist einer der Lieblingssprüche des Despoten, der seine Bedrohlichkeit unter anderem mit einer Pistole demonstriert, die er vor den Augen des Vaters auf die Küchendurchreiche legt.

In den 27 Jahren, die Fritz lebte, hat der Vater tausendmal den Satz gehört »du musst ihm eine Grenze setzen«, von Verwandten, Freunden, Erziehern, Psychologen. Es gelang ihm nicht, den Satz zu befolgen.

Er wagte es nicht, den Vierjährigen körperlich zu bändigen, wenn er sich den Kopf an der Wand blutig schlug. Er wagte es nicht, den Vierzehnjährigen sozialpsychiatrischen Einrichtungen zu überlassen, als er auf seine Mitschüler mit den Fäusten losging, seine Katze in den Schleudergang der Waschmaschine steckte und seine Mutter einen Tag lang im Keller einsperrte, um Geld von ihr zu erpressen. Nach den ersten Beschwerden der Heimleitungen holte er Fritz sofort nach Hause. Und erst recht wagte er nicht, den volljährigen Unhold mithilfe der Polizei aus dem Haus zu befördern. Warum nicht? In 27 Jahren hatte Heinrich Blum darauf nur eine Antwort: »Er ist doch mein Sohn.« Ein monströs missratener Sohn, der den Vater in nackte Angst versetzt.

Niemand weiß, ob die Tragödie abzuwenden oder abzumildern gewesen wäre, wenn die Eltern Fritz einmütig entgegengetreten wären. Aber die Mutter empfindet schon ein lautes Wort als erzieherische Gewalt. Sie, die in ihrer eigenen Kindheit vom Vater geschlagen und gedemütigt wurde, hält es für ihre heilige Pflicht, den Sohn gewähren zu lassen, was auch immer er tut, und vor dem Vater in Schutz zu nehmen. Als sie die grauenvolle Entwicklung des einzigen, abgöttisch geliebten Kindes nicht mehr erträgt, bringt sie sich 2008 mit Tabletten um. Heinrich Blum ist nun mit dem Sohn allein. 2009 wird Fritz zum ersten Mal zu einer achtmonatigen Jugendstrafe verurteilt. Die Staatsanwaltschaft führt ihn als Intensivtäter. Sieben Ermittlungsverfahren sammeln sich in den Akten, ein Potpourri der Delikte: unerlaubter Waffenbesitz, Sachbeschädigung, Diebstahl, räuberische Erpressung, Widerstand gegen Vollstreckungsbeamte.

Im März 2014 kommt Fritz noch einmal mit einer Bewährungsstrafe davon, im Juni 2015 wird er zu zwei Jahren Haft verurteilt, die er absitzen muss. Im Gefängnis macht er eine Lehre als Koch, aber länger als ein paar Wochen hält er nach der Entlassung aus dem Gefängnis keinen Job durch. Ein psychiatrisches Gutachten bescheinigt ihm eine »dissoziale Persönlichkeit«. Der Fluch ließ nichts aus. Die Tatsache, dass Fritz zu allem anderen auch noch drogensüchtig war, wirkt wie das zwingende Nebenkapitel einer umfassenden Tragödie.

Man kann nicht sagen, dass niemand Anteil an ihr genommen, dass die Umwelt achselzuckend weggesehen und die staatlichen Behörden nichts unternommen hätten. Es gab Freunde, die sich mühten, das Autoritätsvakuum des Vaters stellvertretend zu füllen. Wenn Fritz bei einer Gartenparty aggressiv aufdrehte und mit Bierflaschen um sich warf, packten sie ihn zu dritt und schleppten ihn auf die Straße. »So macht man das«, sagten sie zu Heinrich Blum und hofften, er lerne daraus. Es gab Gerichte, die Fritz zu Drogenentzügen und Anti-Aggressions-Trainings verdonnerten. Aber nichts zeigte Wirkung. Die Kapitulation des Vaters muss wie ein Virus jeden befallen haben, der mit der Katastrophe in Berührung kam. Die Freunde brachen den Kontakt ab, die Justiz gab sich schlussendlich damit zufrieden, dass der Dauerdelinquent zumindest eine feste

Wohnadresse hatte, bei der er unterkommen konnte. Die Adresse von Heinrich Blum.

Der Nachmittag des 27. September 2017 geht mit immer wüsteren Streitereien dahin. Vater und Sohn sind nicht allein, die Lebensgefährtin von Heinrich Blum ist zu Besuch. Im Prozess macht sie von ihrem Aussageverweigerungsrecht Gebrauch, sie ist inzwischen mit Heinrich Blum verlobt. In ihrer polizeilichen Vernehmung hat sie seine Schilderung der Ereignisse jedoch bestätigt.

Am Spätnachmittag legt sich Fritz in seinem Zimmer im oberen Stockwerk ins Bett, um seinen Rausch auszuschlafen. Heinrich Blum atmet auf, er hofft auf eine ruhige Nacht. Aber zwei Stunden später erscheint Fritz wieder und zwingt den Vater, eine im Schlafzimmer versteckte Flasche Rum zu holen. Der Vater holt sie.

Nichts macht den Horror, der das Haus beherrschte, so anschaulich wie die groteske Umfunktionierung des Schlafzimmers von Heinrich Blum zu einem Panic Room, in dem er Zuflucht vor dem Sohn suchte. In einem Minikühlschrank bunkerte er Lebensmittel für den Notfall, der darin bestünde, dass er aus Angst nicht hinauskann. In einer Ecke verwahrte er Küchenmesser und zwei Baseballschläger, die er Fritz heimlich entwendet hatte. Gegenstände, die dem Feind als Mordwerkzeuge dienen könnten. In der Tür ist ein Sicherheitsschloss eingebaut.

Vater und Sohn beginnen zu trinken, Rum gemischt mit Sprite. Bei Heinrich Blum wird eine Stunde nach der Tat ein Atemalkoholgehalt von 1,7 Promille, beim Toten in der Gerichtsmedizin ein Blutalkohol von 2,8 Promille festgestellt werden.

Das eingeübte Ritual der Demütigungen nimmt seinen Lauf. Er sei ein »Versager«, ein »Schwächling«, eine »Null«, brüllt Fritz den Vater an. Er habe die Mutter auf dem Gewissen, dafür müsse er büßen. Fritz reißt sich das Sweatshirt vom Leib, um in gorillahafter Pose seine Bizepspakete vorzuführen. Betrachtet man den Aufbau von Muskelmasse als Leistung, ist es tatsächlich die einzige, in der es Fritz je zu Erfolg gebracht hat. Immer wieder betont Heinrich Blum im Prozess die körperliche Überlegenheit des Sohnes. Er schildert sie so eindringlich, dass man in ihm, solange er auf der Anklagebank sitzt, einen Hänfling vermutet. Steht Heinrich Blum auf, ist ein mittelgroßer, mittelkräftiger Mann zu erkennen. Auch der psychiatrische Prozessgutachter erwähnt, der Angeklagte habe ein verzwergtes, verkindlichtes Selbstbild. Mit einer Körpergröße von 172 Zentimetern und einem Körpergewicht von 75 Kilogramm läge er im Durchschnitt männlicher Konstitution.

Aber so wenig der Vater je in der Lage war, den Sohn vor sich selbst zu schützen, so wenig kann er sich dessen Brutalität erwehren. Fünfmal schlägt Fritz an diesem Abend Heinrich Blum mit voller Wucht ins Gesicht. Die Lebensgefährtin zieht sich verängstigt ins Schlafzimmer zurück. Weder sie noch Heinrich Blum kommen auf die Idee, die Polizei zu rufen. Eine Stunde später torkelt auch Fritz die Treppe hinauf. Heinrich Blum will ebenfalls schlafen gehen. Aber er macht es nicht. »Das muss ein Ende haben«, sagt er im Schlafzimmer zur Freundin, »es muss was passieren.« Er zieht seinen Bademantel über, nimmt eines der Messer, die in der Ecke bei den Baseballschlägern lagern, und geht damit ins Zimmer des schlafenden Sohnes.

Warum? Was hatte er vor? Es ist die juristisch entscheidende Frage. Eine Verurteilung wegen Mordes kommt infrage, wenn sich dem Täter der Vorsatz seiner Tat nachweisen lässt. Heinrich Blum hat die Frage unterschiedlich beantwortet. In der Erklärung, die seine Verteidigerin zu Beginn des Prozesses verliest, heißt es, er habe mit Fritz nur reden wollen. Er habe das Messer lediglich zu seinem Schutz mitgenommen. In der ersten polizeilichen Vernehmung, die noch in der Tatnacht durchgeführt wurde, hatte er den Tötungsvorsatz allerdings eingeräumt. Nach Ansicht der Verteidigerin ist diese Aussage jedoch wertlos. Zum einen sei Heinrich Blum unter dem Einfluss eines starken Beruhigungsmittels gestanden, zum anderen habe ihn die vernehmende Mordkommissarin mit Suggestivfragen so lange bedrängt, bis er die Tötungsabsicht zugegeben habe.

Die Wahrheit dürfte ein widersprüchliches Gemenge sein. Der Vater wollte den Sohn nicht töten. Er wollte in seinem maßlos angestauten Zorn einen Endpunkt der unerträglichen Lage erzwingen. Aber ihm musste klar sein, dass dieser Punkt mit einem nächtlichen Gespräch nicht zu erreichen war. Jeder Gesprächsversuch, ob morgens, mittags oder abends, hatte nie anders als mit Gebrüll und Gewalt geendet.

»Verpiss dich«, schreit Fritz und tritt vom Bett aus mit dem Fuß nach dem Vater. Er habe, sagt Heinrich Blum, mit dem Messer auf den Oberarm von Fritz gezielt, dieser sich in diesem Moment ruckartig bewegt. Die zehn Zentimeter lange Klinge dringt mitten ins Herz. Fritz stirbt binnen weniger Minuten. Um 21:56 Uhr geht bei der Feuerwehr ein Notruf ein. »Hier ist ein Verletzter!«, schreit Heinrich Blum ins Telefon. Als er dem Rettungsarzt die Haustür öffnet, hat er das blutige Messer noch in der Hand. Er rennt dem Arzt voraus die Treppe hinauf. Auf jede Sekunde, das ist sein einziger Gedanke, kommt es an, um Fritz zu retten. Dass es für den Sohn keine Rettung mehr gibt, ist für den Vater außerhalb des Denkbaren. Noch in der Nacht wird Heinrich Blum festgenommen und verhört, zwei Tage später in Untersuchungshaft überstellt.

»Wir haben hier«, sagt der Richter, »eine Aktennotiz, aus der hervorgeht, dass Sie während der Untersuchungshaft die Erlaubnis erhielten, das Grab von Fritz zu besuchen. Ist das richtig?« Heinrich Blum macht mit dem Kopf eine winzige, kaum als Nicken wahrnehmbare Bewegung. »Ein Priester hat Sie zum Friedhof begleitet?« Heinrich Blum schweigt. »Sind Sie in der Lage, uns davon zu erzählen?« Die Verteidigerin winkt ab. Manchmal starrt Heinrich Blum wie in Trance vor sich hin, als benötige sein Bewusstsein Pausen vom zermalmenden Wissen der Schuld, um sich nicht im Wahnsinn zu verlieren. Mehrmals wird die Verhandlung unterbrochen, weil das Gericht fürchtet, der Angeklagte sei nicht in der seelischen Verfassung, ihr zu folgen. Von den Tumulten im Zuschauerraum scheint er wenig mitzubekommen.

Von Verhandlungstermin zu Verhandlungstermin gleicht der Gerichtssaal immer mehr einer Arena, wo sich die Zeugen in ihrer erbitterten Parteinahme für den Vater oder für den Sohn zu übertrumpfen suchen. Die eine Partei ist voller Mitgefühl für den Angeklagten, die andere voller Abscheu. »Ein Monster« sei der Fritz gewesen, sagt ein Nachbar. Der Vater habe sich für den Sohn aufgeopfert und der ihm »zum Dank die Hölle auf Erden bereitet«. Ein Jugendfreund von Fritz meldet sich während des laufenden Prozesses freiwillig als Zeuge, »um die Dinge mal geradezurücken«. Er bietet eine ganz andere Version. Er könne über das Opfer nur eines sagen: »Der Fritz war der netteste und liebste Mensch auf Erden.« Sein Pech sei es gewesen, einen unfähigen Mann zum Vater zu haben. »Ein ewiger Nörgler, von dem Fritz nicht die kleinste Anerkennung bekam.«

Schließlich verlangt eine junge Frau, in den Zeugenstand geladen zu werden. Es ist die Mutter des zweijährigen Sohnes von Fritz. Dass er sie schlug, dass sie in ihrer Not die Polizei holte und Fritz die gerichtliche Auflage bekam, sich von ihr und dem Kind fernzuhalten, sieht sie gemessen an dem, was ihm angetan wurde, in einem milden Licht. »Eines kann ich dir sagen«, schreit sie in Richtung Anklagebank, »du wirst dein Enkelkind nie sehen, du Mörder!«

Handelte Laios in Notwehr, als er den Säugling im Gebirge aussetzen ließ, um vom herangewachsenen Sohn nicht getötet zu werden? Mit diesem Argument, dem der Notwehrhandlung, sucht die Verteidigerin den Freispruch von Heinrich Blum zu erwirken. Das Gericht folgt jedoch der Sicht der Staatsanwaltschaft, sie fordert eine Freiheitsstrafe von sechs Jahren. Eine Bedrohung, erklärt der Richter, sei von Fritz zwar im allgemeinen Sinn ausgegangen. In der konkreten Situation aber nicht. Er lag schlafend im

Bett. Heinrich Blum wird wegen Totschlags »in einem minder schweren Fall« zu fünf Jahren und acht Monaten verurteilt. In der Urteilsbegründung greift der Richter das Bild des Duells auf. »An diesem Tag«, sagt er, »wollte der Vater einmal als Sieger vom Platz gehen.«

Das Haus, das Heinrich Blum vor Jahren umbaute, steht seit dem 27. September 2017 leer. Die grasgrün gestrichenen Jalousien sind heruntergelassen. Der sonnengelbe Verputz an dem kleinen Anbau vor dem Hauseingang erinnert daran, dass hier einmal Menschen wohnten, die von einem Leben träumten, dessen Farben genauso hell und fröhlich sein sollten.

Üble Maschen

Säße er nicht dort, wo im Gerichtssaal die Angeklagten sitzen, könnte man Reinhard Wollrich für seinen Verteidiger oder einen psychiatrischen Gutachter, vielleicht sogar für den Richter halten. So perfekt spielt er die Rolle des konzentrierten, gut vorbereiteten Prozessbeteiligten, der all seine Kompetenz einsetzt, um den Fall Wollrich aufzuklären und einem juristisch angemessenen Urteil zuzuführen.

Immer wieder schiebt er seine Gleitsichtbrille auf die Nasenspitze und blättert in dem Aktenstapel, den er vor sich auf dem Tisch aufgebaut hat. Hat er gefunden, was er scheinbar sucht, nimmt er die Brille vom Gesicht, lässt sie zwischen Zeigefinger und Daumen am Bügel wippen und schaut mit gerunzelter Stirn ins Weite, als sei er einem Gedankengang auf der Spur, der geeignet ist, den Prozess um eine wichtige Erkenntnis zu bereichern. Der Verlesung der Anklageschrift lauscht er mit dem Gesichtsausdruck eines Mannes, der sich für alles interessiert, was in der Welt geschieht, auch wenn es ihn persönlich so wenig betrifft wie der illegale Walfang in japanischen Gewässern oder die Herstellung kopierter Markenhandtaschen durch Kinderarbeit in Südostasien.

Gibt es Reinhard Wollrich überhaupt als eigene Persönlichkeit? Oder nur als einen Schmierenkomödianten, dessen jahrelange Lügerei, Betrügerei und Hochstapelei seine Natur aufgezehrt hat? Der Prozess wird diese Frage nicht lösen.

Besonders gut beherrschte er die Darstellung von Charakteren, die durch eine etwas altmodische Korrektheit beeindrucken. Das Getue des pedantischen Bürokraten ging ihm so leicht von der Hand wie die Galanterie des höflichen Gentlemans, wie man sie aus Filmen der Fünfzigerjahre kennt. Damit köderte er seine Opfer, und diese Opfer waren alte alleinlebende Frauen. Sie ließen ihn in ihre Wohnung, wenn er an Sonntagnachmittagen mit dunklem Anzug, weißem Hemdkragen, Krawatte und einem Aktenkoffer an der Wohnungstür klingelte. Er gab sich als Angestellter der Hausverwaltung aus. Schon das hätte die Frauen stutzig machen können, normalerweise haben auch die Angestellten von Hausverwaltungen am Sonntag frei.

Er tauchte fast immer zur gleichen Uhrzeit auf, zwischen vier und fünf. Dann eben, wenn Vereinsamte die Mittagsruhe verbracht, sich vielleicht eine Tasse Kaffee eingegossen, ein Plunderhörnchen auf den Teller gelegt haben und mehr als an anderen ihrer leeren Tage mit der Sehnsucht nach Geselligkeit hadern, mit der Vorstellung, eine Schwester käme mit dem Schwager zu Besuch oder ein Sohn mit den Enkeln, die sich gegen die Hüften ihrer Oma drückten und bestaunen ließen, wie viel sie schon wieder gewachsen sind.

»Entschuldigen Sie tausendmal die Störung, verehrte

Dame. Ich möchte doch inständig hoffen, nicht ungelegen zu sein«, so stellte sich Reinhard Wollrich vor. Auf die gezierte Betulichkeit setzte er noch einen Tupfer Koketterie. »Sie sehen in mir hoffentlich keinen windigen Teppichhändler, das würde mich doch ein wenig beleidigen.«

Dann wurde er umgehend ernst, nahm die Miene eines Mannes an, den Dramatisches umtreibt. »Lassen Sie mich bitte kurz erklären, weshalb ich hier unangekündigt in Ihre Sonntagsruhe hereinschneie.« Gleichzeitig öffnete er seine Aktentasche, holte einen Briefumschlag heraus und erklärte, in dem Umschlag befände sich ein Schreiben der Hausverwaltung, welches schon in den nächsten Tagen an alle Mieter des Hauses versandt und sie über eine fundamentale Veränderung ihrer Wohnsituation informieren werde. Das Haus werde nämlich in Kürze an einen Investor verkauft. Dies habe zur Folge, dass die Mietwohnungen in Eigentumswohnungen umgewandelt würden.

»Um Gottes willen!«, erschraken die alten Frauen und ließen den Mann, durch den eine solche Schreckensbotschaft in ihre Existenz drang, unwillkürlich weiter in die Wohnung. Stand Wollrich im Flur, versetzte er ihnen den nächsten Schock. »Das könnte schlimmstenfalls bedeuten, dass Sie, was mir persönlich furchtbar leidtäte, aus der Wohnung müssen. Vorausgesetzt, Sie verfügen nicht über die finanziellen Mittel, um die Wohnung zu kaufen. Sie wissen sicherlich, wie es um den Immobilienmarkt bestellt ist, unter einer Viertelmillion dürfte da nichts zu machen sein.«

Genauso gut kann man Schiffspassagieren auftragen, die Rettungswesten anzuziehen und in den Ozean zu springen. War die Wirkung der katastrophalen Nachricht auf dem Höhepunkt und die Angst ausreichend im Gemüt der Alten verbreitet, bot Reinhard Wollrich einen Weg der Rettung und sich selbst als Retter an. Das war der psychologische Kern des Tricks, die panische Verunsicherung der Opfer durch eine Nachricht, die sie alles vergessen ließ, was sie dutzendfach in Fernsehsendungen über die Maschen von Trickbetrügern gehört hatten.

So erging es, in einem anderen Justizfall, auch Waldemar Reuter. Der pensionierte Arzt mit Professorentitel saß im Bademantel mit seiner Frau am Frühstückstisch, als das Telefon klingelte. Er nahm ab und hörte eine Stimme, die der seiner Schwägerin bis in kleinste Nuancen glich und ihn nicht einen Moment daran zweifeln ließ, mit ihr zu sprechen. Sie befände sich in einer katastrophalen Notlage. Sie habe sich von ihrem Mann getrennt, Hals über Kopf die gemeinsame Wohnung verlassen und die Kanzlei ihres Anwalts aufgesucht. Dessen Stimme war im Hintergrund leise zu hören. Sie habe keinen Euro, sie habe nichts, klagte die Schwägerin, nun verzweifelt weinend. Ob er ihr vorübergehend aushelfen könne? Er habe kaum Bargeld im Haus, wandte Waldemar Reuter ein. Als Pfand würden ihr auch Wertgegenstände dienen, flehte die Schwägerin. Sie könne die Kanzlei nicht verlassen. Aber es gäbe eine Botin, die sich bereit erklärt hätte, die Dinge abzuholen.

Waldemar Reuter legte den Telefonhörer auf, holte eine Plastiktüte, sammelte aus Schränken und Schubladen, was seine Frau und er an Schmuckstücken, wertvollen Armbanduhren und Goldmünzen besaßen, und verstaute es in der Tüte. Eine halbe Stunde später klingelte es an der Gartentür. Er ging im Morgenmantel hinaus und übergab die Tüte einer Frau, die er noch nie zuvor gesehen hatte und die sich in gebrochenem Deutsch bedankte. Der nervliche Ausnahmezustand, den die vermeintliche Familientragödie in ihm auslöste, setzte seine Vernunft derart außer Kraft, dass er die Frau nicht einmal nach ihrem Namen fragte. Eine Stunde später klingelte das Telefon erneut. Wieder hörte er die Stimme seiner Schwägerin. Ob er nicht doch Bargeld besorgen könne?

Waldemar Reuter zog sich an, fuhr mit dem Auto zu seiner Bankfiliale und hob vom Sparkonto 30 000 Euro ab. Um die Mittagszeit klingelte es zum zweiten Mal an der Gartentür. Die Unbekannte nahm den Umschlag mit dem Geld wortlos entgegen und verschwand. Erst am Nachmittag kam Waldemar Reuter auf die Idee, seine Schwägerin anzurufen. Nichts war ihr zugestoßen, sie saß mit ihrem Mann friedlich beim Kaffeetrinken. Waldemar Reuter aber war etwas zugestoßen. Weniger der Verlust seiner Wertgegenstände und seines Geldes, sondern der seines Selbst. Er sah im Spiegel nicht mehr den gebildeten, weltläufigen und verstandesbegabten Menschen, der zu sein er immer geglaubt hatte. Er sah einen altersschwachen Idioten, auf dessen Stirn die Frage geschrieben stand: Wie kann man nur so blöd sein?

Er wurde das Opfer einer Betrugsbande, von der die deutschen Ermittlungsbehörden lediglich wissen, dass sich ihre Stützpunkte, regelrechte Callcenter, im Ausland befinden. Reinhard Wollrich führte seine Betrugsserie als Solist durch. Es gab in seinem Leben niemanden, dem er vertraute. Niemanden, den er nicht belog. Vielleicht glaubte er mit der einen Hälfte seines Gehirns selbst, was er den alten Frauen aufschwatzte, während die andere Hälfte kaltblütig an der Dramaturgie des Schauspiels arbeitete, das er aufführte. Instinktsicher wusste er, dass nun, nach der Schockbotschaft, der Moment für einen längeren einlullenden Monolog gekommen war.

»Eben deshalb wollte ich, Verehrteste, persönlich mit Ihnen sprechen und Ihnen den Brief selbst vorbeibringen. Wir finden da eine Lösung. Es ist doch ganz unzumutbar, dass Sie hier ausziehen müssen, ganz unzumutbar. Sie können sich vollkommen auf mich verlassen. Es müssen ja nicht alle Mieter aus dem Haus, am Ende werden nur die, die die ganze Sache verbummeln und sich um nichts kümmern, mit den Möbeln auf der Straße stehen. Je früher Sie etwas unternehmen und sich an die Hausverwaltung wenden, desto sicherer gehören Sie nicht zu denen, die mit den Möbeln auf der Straße landen. Sehen Sie, deswegen komme ich extra am Sonntag vorbei. Die anderen Mieter haben den Brief erst in der kommenden Woche im Briefkasten. Sie sind die Einzige, die heute schon Bescheid weiß, da kann Ihnen gar nichts passieren. Ich helfe Ihnen von Herzen gern. Wir setzen uns gemeinsam hin und schreiben ein paar Zeilen an die Hausverwaltung, ich kann das natürlich für Sie machen, dann müssen Sie nur noch unterzeichnen.«

Er variierte seine Lügengeschichte, je nachdem, wie er den Zustand von Gehör und Geist der Frauen einschätzte. Mal ließ er das Fremdwort Investor weg und redete nur allgemein von einer bevorstehenden Kündigung. Es ging ihm vor allem darum, die Wendung »wir setzen uns gemeinsam hin« in seinem Wortschwall unterzubringen, um weiter in die Wohnung einzudringen, in Küchen oder Wohnzimmer zu gelangen. Hatte Reinhard Wollrich schließlich an einem Tisch Platz genommen, holte er ein Blatt Papier und einen Füllfederhalter aus der Aktentasche und begann, irgendetwas aufzuschreiben, irgendwelche Sätze im verdrehten Bürokratendeutsch. Nebenbei stellte er Fragen nach dem allgemeinen Wohlbefinden der Damen, lobte die adrette Einrichtung, machte Komplimente, ließ durchblicken, dass er keineswegs in Eile sei, und sich, was die Situation leicht ergab, Kaffee und ein Stück Kuchen anbieten.

Es kostete Reinhard Wollrich kaum Mühe, das Vertrauen der Frauen zu erringen, die sich an ihrer Rolle als Gastgeberin erwärmten und immer weiter auftauten. Er musste wenig mehr tun als den geneigten Zuhörer zu spielen und Empfänglichkeit zu heucheln für all die Sorgen, die sich nun wie durch ein ruckartig geöffnetes Ventil entluden; Altersbeschwerden und schlaflose Nächte, Familienzank und Nachbarschaftsstreit, Kummer über die beständigen Preiserhöhungen von Gas, Strom und Lebensmitteln.

Wollrich hörte sich alles an, nickte zustimmend mit dem Kopf, beschwichtigte und beruhigte. Er ging, wenn im Katalog der Kümmernisse das ungelöste Problem der späteren Grabpflege auftauchte, sogar so weit, sich andeutungsweise für die Erledigung selbst dieser Pflicht zu empfehlen. Aber bis dahin, warf er mit einem Fröhlichkeitsruck in der Stimme ein, sei ja wahrhaft noch viel Zeit. Vor dem Tod solle erst einmal ans Leben gedacht werden. Er musste nur warten, bis sich eine Gelegenheit ergab, die Frage nach den finanziellen Versorgungsverhältnissen so geschmeidig in den Gesprächsfluss zu schieben, dass die alten Frauen gar nicht merkten, wie sie vom Ufer in die Strömung gestoßen und weggetragen wurden.

Keine wunderte sich, dass der Unbekannte, der da plötzlich in ihrer Wohnung saß und sich nach Rente und Barvermögen erkundigte, durchsichtige Gummihandschuhe trug, wie sie in der Medizin verwendet werden. Keine bemerkte, vor genau der Gefahr, der sie jetzt erlagen, immer wieder gewarnt worden zu sein. Sie ignorierten sie, der unerwarteten Geselligkeit zuliebe.

»Sie haben doch hoffentlich alles, was Sie an Geld im Haus verwahren, überprüfen lassen?«, fragte Reinhard Wollrich. Dann machte er eine kurze Pause, als sei er selbst erstaunt, einer Person gegenüberzusitzen, die ihm keine andere Wahl ließ, als so zu insistieren: »Haben Sie wirklich alle Scheine überprüfen lassen, ob sie auch echt sind«? – Echt? – »Meine Liebe, ich will Ihnen keinen Schreck einjagen, eigentlich dürfte es so etwas natürlich gar nicht geben, aber Sie erinnern sich bestimmt an die große internationale Finanzkrise. Seitdem herrscht bei den Banken das reinste Chaos, und das wurde natürlich vom üblichen Gesindel ausgenutzt. Es stand ja in allen Zeitungen, dass aus Polen haufenweise falsche Geldscheine nach Deutschland gekommen sind. Blüten nannte man das zu unserer Zeit, wertloses Papier. Wenn Sie so was im Haus haben, können Sie das Geld genauso gut durch die Toilette spülen.«

Es waren mehr als hundert Frauen, die Reinhard Wollrich ihr im Haushalt verstecktes Geld überließen. Geradezu erleichtert nahmen sie sein Angebot an, die, wie Wollrich sagte, »Echtheitsprüfung« der Scheine bei einem speziell dafür eingerichteten Institut für sie zu erledigen. Sie öffneten Kaffeedosen, stemmten Matratzen in die Höhe, wühlten hinter Pullovern und Unterwäsche im Schrank. Reinhard Wollrich brachte Menschen, die sich vielem längst nicht mehr gewachsen fühlten, das ganze Ausmaß ihrer Lebensferne und ihrer Lebenswackeligkeit bei, was auf nichts anderes hinauslief, als ihnen ihre Todesnähe zu verkünden. Diese hinter allen Ängsten stehende letzte Furcht war es wohl auch, die sie wehrlos machte gegenüber einem Betrüger, der im selben Atemzug versprach, die materielle Grundlage ihrer letzten Lebensstrecke zu festigen.

Wenn sich Reinhard Wollrich freitags auf Postämtern und an den Kassenschaltern von Banken herumtrieb, Ausschau haltend nach weißhaarigen Personen weiblichen Geschlechts, erahnte er schon an der Umständlichkeit, mit der die Gebeugten und Gebrechlichen die vom Kassierer hingezählten Scheine in der Handtasche verstauten, an der verzagten Umklammerung der Handtaschen auf dem Nachhauseweg, an der Anstrengung, das Geld so schnell wie möglich in die Wohnung zu schaffen, dass sich dort das Versteck viel höherer Beträge befand. Er wusste, dass Alte, die der Besuch der Bank viel Kraft kostete, aus diesem Ohnmachtsgefühl ein bestimmtes Misstrauen gegen die Institution ableiteten, die das Ziel der beschwerlichen Unternehmung darstellte. Sie wollten, was ihnen gehörte, möglichst nah bei sich haben, weil Ferne sie grundsätzlich verängstigte.

Von den Banken und Postämtern ging Wollrich den Frauen bis in ihren Hausflur nach, ja meist direkt bis vor ihre Wohnungstür. Manchmal grüßte er sie sogar im Vorbeigehen, sie erkannten ihn nicht wieder, wenn er am Sonntagnachmittag als besorgter Angestellter der Hausverwaltung auftauchte.

Er ersann auch Lügengeschichten, wenn er sich gar nicht auf Beutezug befand. Er log die Bäckersfrau an, die sich wunderte, ihn zwei Wochen nicht gesehen zu haben, und berichtete ihr von einem geschäftlich höchst bedeutsamen Aufenthalt in Amerika, wo er in Wahrheit noch nie gewesen war. Er log automatisch. So automatisch, wie er atmete. Er setzte Lügen in die Welt, die keinen anderen Zweck erfüllten als den, Fiktionen seiner Person und seines Lebens zu erschaffen. Beständig wechselnde Fiktionen, denen eines gemeinsam war: Sie machten ihren Erfinder wichtiger, extravaganter, gesellschaftlich herausragender.

Corinna gegenüber, einer jungen Frau, die Reinhard Wollrich kennenlernte, als er noch als Kleinunternehmer tätig war und einen Schlüsseldienst betrieb, gab er sich als verheirateter Mann aus, um zu begründen, weshalb die Affäre von seiner Seite aus nur sehr dosiert geführt werden und er nur gelegentlich Besuche abstatten könne. Bei diesen Besuchen trug er einen billigen Ehering, den er sich für die Affäre mit Corinna extra gekauft hatte.

Er log ihr ein Abitur vor, das er nicht hatte, ein Hochschulstudium und die Herkunft aus großbürgerlichen Verhältnissen. Er behauptete, fünf Fremdsprachen fließend zu beherrschen. Zwei hätten genügt, um die junge Geliebte zu beeindrucken. Er konnte gut kochen. Stand er, meist unangemeldet und überraschend, vor Corinnas Wohnungstür, hatte er Tüten voller Köstlichkeiten dabei, Zutaten für ausgefallene und exotische Gerichte. Während er sie in der Küche ausbreitete, sich eine Schürze umband, Pfannen, Töpfe, Messer, Löffel und Mixgerät aus den Schränken holte und sich als sinnenfreudiger Freizeitkoch ans Werk machte, schwadronierte er von Reisen mit Wolfram Siebeck zu dessen Lebzeiten, von gemeinsamen Gelagen in Fünfsternerestaurants quer durch die Welt.

Er malte solche Geschichten bis ins Detail aus, legte den Kopf in den Nacken, um sich an die Menüfolge der mit Wolfram Siebeck eingenommenen Mahlzeiten genau zu erinnern, an die Tischkonversation, an die fantastischen Anekdoten und Pointen des so unterhaltsamen Herrn Siebeck, an die Designerkleider, welche Siebecks Gattin, die angeblich oft dabei war, in den feinen Restaurants trug. Selbst ihren bevorzugten Cocktail kannte er.

Im Prozess gegen Reinhard Wollrich – die Anklage lautet schwerer Betrug – sagt Corinna als Zeugin aus. Mit leiser Stimme erzählt sie die Geschichte ihrer Liaison. Sie erzählt flüssig, der Richter muss ihr kaum Fragen stellen. Aber sie berichtet, als sei sie trotz aller Gegenbeweise nicht in der Lage, sich von den Legenden zu trennen, die jahrelang ihre Realität darstellten. Als seien der Betrüger, der ein paar Meter von ihr entfernt auf der Anklagebank sitzt, und der Mann, den sie liebte und womöglich noch immer liebt, zwei verschiedene Personen. Sie weiß, dass

»Herr Wollrich«, wie sie ihn vor Gericht nennt, nie ein Wort mit Wolfram Siebeck gesprochen hat, und sagt zugleich: »Von einer seiner Reisen nach Paris mit dem Ehepaar Siebeck brachte mir Reinhard eine wunderbare Brosche mit. Frau Siebeck besaß dieselbe, darüber freute ich mich natürlich ganz besonders.«

Mehrere Jahre währte ihre Verbindung mit Wollrich. Auch als sie ein Kind von ihm bekam, verschonte sie ihn mit Forderungen, sich zu ihr zu bekennen oder gar mit ihr zusammenzuleben. Sie wollte das Leiden der, allerdings erfundenen und in der Erfindung krebskranken Ehefrau von Reinhard Wollrich, die angeblich von seiner Pflege ganz und gar abhängig war, nicht verschlimmern. Corinna wurde von ihrem Gelegenheitsliebhaber Reinhard Wollrich über sämtliche Etappen der Krankheit, über fehlgeschlagene Chemotherapien, die Kämpfe mit Schulmedizinern und den Ärger mit ausländischen Pflegekräften auf dem Laufenden gehalten. Er weinte sich bei Corinna aus, er vergoss Tränen, wenn er vom Drama der Krankheit seiner Frau erzählte und vom eigenen Drama als Ehemann, der es nicht übers Herz brachte, die Kranke im Stich zu lassen, obwohl er eine andere, eben Corinna, so sehr liebe.

Er war in einer Weise verzweifelt, wie es eigentlich nur ein Mensch sein kann, den echte Verzweiflung durchschüttelt. Tatsächlich gab es in Wollrichs Leben Gründe, wenn auch ganz andere, für solche Gefühle, für Niedergeschlagenheit und Zukunftsangst. Er nutzte sie, wie es professionelle Schauspieler des *method acting* tun, für seine Auftritte vor Corinna. Sie glaubte alles und litt mit. Sie vermisste Wollrich, wenn er zwei Monate nichts von sich hören ließ. Und sie war glücklich, wenn er plötzlich, die Arme voll mit Spielsachen für das Kind, wieder auftauchte und sie mit Liebesschwüren einlullte. Sie wusste ja, dass er ein Doppelleben führte, nur hielt sie es für das eines Ehebrechers, der sich zwischen zwei Frauen und zwei Haushalten aufteilt.

Dass Reinhard Wollrich ein Jahr nachdem sie ihn kennengelernt hatte, pleiteging und den Schlüsseldienst aufgab, dass er hoch verschuldet war, keine Arbeit mehr hatte und seine Nächte an Roulettetischen verbrachte, dass sich sein Doppelleben in Wahrheit zwischen Spielsucht und Kriminalität aufspannte, dies alles ahnte sie nicht. Sie sah seine Getriebenheit und glaubte zu wissen, woher sie unglückseligerweise rührte.

Eine Nachbarin hatte ihr einmal die Telefonnummer von Wollrichs Schlüsseldienst gegeben, als ihr an einem Samstagnachmittag die Wohnungstür zugefallen war. Sie hatte Mülltüten weggebracht und den Schlüssel in der Wohnung liegen lassen. Wollrich kam, öffnete die Tür und kehrte am Tag darauf mit einem Rosenstrauß und einer Flasche Champagner zurück. Corinna verbrachte mit ihm den Nachmittag, wurde zum Essen am Kurfürstendamm eingeladen und am Abend in die Oper. Sie war sofort verliebt, und Reinhard Wollrich war es, zumindest den äußeren Anzeichen nach, auch. Dass sein superber Lebensstil nicht ganz zu dem eines Mannes passte, der einen nur aus ihm bestehenden Handwerkerbetrieb führte, ließ sie keinen Moment an ihm zweifeln. Kurze Zeit später wurde Reinhard Wollrich zu einem der erfolgreichsten Serienbetrüger, den es in der Kriminalgeschichte Berlins je gegeben hat. Er begann, alte Frauen zu bestehlen.

Es war ihm gar nicht unrecht, den Schlüsseldienst und die Existenz als Kleinunternehmer los zu sein. Er fühlte sich nicht geschaffen für das Niveau kleinkarierter Normalität, für mittelmäßige Allerweltsmoral und Allerweltsansprüche, er betrachtete sich als Ausnahmemensch. Als eine Art Genie, das sich die Bahn freiräumen musste, um das große, ihm bestimmte Ziel zu erreichen. Dieses Ziel war, wie bei jedem Suchtspieler am Roulettetisch, der maximale Gewinn, die Sprengung der Casinobank. Für Wollrich war es nur eine Frage der Zeit, bis diese von seiner überlegenen Intelligenz herbeigeführte Sensation eintreten würde. Und diese Zeit mit dem Öffnen banaler Türschlösser zu verplempern stellte in den Augen Reinhard Wollrichs, den das Schicksal nun einmal befähigt hatte, den ultimativen Gewinncode zu knacken, einen Frevel dar.

In Wollrichs Logik waren die alten Frauen, die er beschwatzte und betrog, geradezu verpflichtet, das tote Kapital, mit dem sie gar nichts anzufangen wussten, herauszurücken und einem Mann zu überlassen, der es so dringend benötigte wie ein Nierenkranker ein gesundes Organ. Nie wäre er auf die Idee gekommen, das Wort »kriminell« auf sich und sein Handeln anzuwenden. Die Wissenschaft, so empfand er es, durfte vielmehr dankbar sein, sich irgendwann in ferner Zukunft auf seinen Fall stürzen zu können. Auf seinen faszinierenden Charakter und die Erlesenheit seiner Biografie. Eine Studie, ja ein Kongress zum Thema: Das komplexe Wesen großer Spieler am Beispiel Reinhard Wollrichs, oder etwas in der Art, wäre nicht zu viel verlangt.

Von seiner Liebschaft mit Corinna abgesehen, hatte er keine Kontakte mit anderen Menschen. Er lebte in einer heruntergekommenen Einzimmerwohnung, in der sich außer einem Bett, einem Tisch und Stuhl, einem Wasserkocher und einem Kleiderständer, an dem Wollrichs Anzüge, Krawatten und weiße Hemden hingen, kaum Gegenstände befanden. Wollrichs Besitz war auf die Casinogarderobe und eine Handbibliothek mit Büchern über die Methodik und Wahrscheinlichkeitsmathematik des Roulettespiels zusammengeschrumpft.

Er führte das Leben eines Junkies, eines Glücksspieljunkies. Saß er einen Tag ohne Geld auf dem Trockenen, litt er unter Entzugserscheinungen. Er hatte Schüttelfrost, Herzrasen und war schlaflos, er nahm im Wechsel Aufputsch- und Beruhigungsmittel ein, die ihm ein Arzt verschrieb, der an Reinhard Wollrich die klassischen Burnout-Symptome eines überlasteten Managers diagnostizierte. Wollrich hatte dem Arzt in allen Farben geschildert, wie die enormen Aufgaben, die er als Vorstandsvorsitzender eines internationalen Unternehmens zu erfüllen habe, die Privilegien einer solchen Position relativierten. Er steigerte sich in seine Rolle so hinein, dass er sie am Ende selbst für Realität hielt. Nahm er am Verkaufstresen der Apotheke die verschriebenen Medikamente entgegen, schaute er erschrocken auf seine Armbanduhr, als hätte er vergessen, wie spät es schon war, machte eine Bemerkung über den Flug, den er auf keinen Fall verpassen dürfe, und schob seufzend »Hongkong wartet« hinterher.

Sein Leben orientierte sich an den Öffnungszeiten von Casinos und an den Fahrplänen der Deutschen Bundesbahn. Er spielte hauptsächlich in Berlin, aber auch in Baden-Baden, Hamburg und anderen Städten. Da er sich Hotels nicht leisten konnte, verbrachte er die frühen Morgenstunden zwischen Casinoschluss und Zugabfahrt in den Warteräumen von Bahnhöfen. In Berlin angekommen, ging er in seine Wohnung, ruhte sich ein paar Stunden aus, machte sich frisch, zog Anzug und Krawatte an und brach zum nächsten Casino auf. Das war sein Alltag, unterbrochen von den Besuchen bei Corinna sowie den Freitagen und Sonntagen, die der Geldbeschaffung dienten. Sein Leben glich einer Landkarte, in der Fähnchen zweierlei Farben steckten. Die eine markierten Städte, in denen Spielcasinos betrieben wurden, die andere Wohnadressen von alten Frauen, die er auszurauben plante.

Während sie sich umdrehten oder ins Nebenzimmer gingen, um ihr Geld aus dem Versteck zu holen, schnitt er schnell das Telefonkabel durch. Es war der einzige Akt gegenständlicher Aggression. Nie gebrauchte Reinhard Wollrich Gewalt, nie eine Waffe. Die einzige, die er besaß und anwendete, war die Maskerade des Mitgefühls. Er erbeutete im Lauf von drei Jahren mindestens eine Viertelmillion Euro, mutmaßlich viel mehr. Er nahm Beträge von 10 000 Euro, 20 000 Euro, einmal sogar 70 000 Euro mit. Ein paarmal half er selbst beim Suchen des Geldes. Die Frauen hatten vergessen, wo sie es zuletzt verstaut hatten. Es sollte in der Schlafzimmerkommode sein, fand sich am Ende aber hinter der Vorhangstange oder im Besteckkasten.

Der Beute erging es wie fein präpariertem Obst, das über Jahre in Einweckgläsern darauf wartet, bei einer exklusiven Gelegenheit verzehrt zu werden, und, wenn sich diese schließlich findet, an Esser gerät, die die Köstlichkeit nicht zu schätzen wissen und in den Müll wandern lassen. Die Geldbündel, die Wollrich aus den Haushalten der Betagten mitnahm, tauschte er noch am selben Abend in Jetons um. Ein paar Stunden später waren sie in den Besitz der Casinos übergegangen.

Reinhard Wollrich war fest davon überzeugt, keinem der von ihm ausgesuchten Opfer würde es gelingen, ihm nicht auf den Leim zu gehen. Er kannte die Schwachstelle, die Menschen dazu verführt, sich Lügenmärchen, selbst den irrwitzigsten und absurdesten, zu ergeben: das Einverständnis in die Niederlage. Es sollen Milliarden sein, die Betrugsbanden mit der sogenannten »Wash-Wash«-Methode, die die Verdoppelung von Geldscheinen mithilfe chemischer Substanzen verspricht, seit der Jahrtausendwende erbeutet haben.

Zu den Utensilien von »Wash-Wash« gehören Fläschchen mit einer dunklen Tinktur, sodann Ascorbinsäure, weißes Puder, meist Babypuder aus einem Drogeriemarkt, mehrere Rollen Alufolie, schwarz gefärbte Papierstücke in der Größe von 50- oder 100-Euroscheinen sowie falsche Geldscheine. Die Opfer von »Wash-Wash« steuern nur eines bei, haufenweise echtes Geld.

Die hexenküchenartige Prozedur vollzieht sich folgendermaßen: Zunächst entfärben die Betrüger die schwarzen Papierstücke mit einem in Ascorbinsäure getränkten Lappen. Dann bitten sie ihre Kunden, eine Schüssel mit warmem Wasser und Seifenlauge zu holen, um die verbliebenen schwarzen Schlieren abzuschrubben. In diesem Moment tauschen sie die echten Geldscheine der Opfer gegen die falschen aus. Nun geht es an die Fabrikation der vermeintlichen Geldverdopplung. Jeder Schein wird mit weißem Puder bestreut, auf eines der weißen Papierstücke gelegt und mit Alufolie fest umwickelt. Am Ende wird der ganze Packen noch einmal in dicke Alufolieschichten gehüllt. Nach vierundzwanzig Stunden, so die Legende, darf der chemische Prozess als abgeschlossen gelten. Aus einem Geldschein sollen sich zwei entwickelt haben, eineiige Geldscheinzwillinge, die sich nicht unterscheiden lassen.

Wie kann man nur so blöd sein? Wie können Menschen auf einen derartigen Mumpitz hereinfallen? Blödheit erklärt es nicht. Es waren keineswegs die Einfältigsten und Erfahrungsärmsten, die allen Ernstes glaubten, durch »Wash-Wash« an Reichtum zu gelangen. Es waren Menschen, die eine fatale und eigentlich widersprüchliche Gemütsmischung für den Betrug prädestinierte, die Mischung aus Fatalismus und dem Kinderglauben an ein Wunder.

Und es könnte sein, dass Menschen, die sich der Schwelle zum Tod nähern, ganz besonders schwanken zwischen dem einen und dem anderen. Doch es gab eine alte Frau, die nicht schwankte. Als Reinhard Wollrich am Sonntagnachmittag bei ihr klingelte und sein Hausverwaltungsmärchen vortrug, schlug sie ihm die Tür vor der Nase zu und rief augenblicklich die Polizei an, die sich schon lange und bis dahin erfolglos mit der monströsen Betrugsserie herumschlug. Zwanzig Minuten später wurde Reinhard Wollrich in einer nahe gelegenen U-Bahnstation festgenommen.

Im Prozess steht er sogar auf, um seine Vorträge zu Gehör zu bringen, er spricht das Gerichtspublikum als »sehr geehrte Herrschaften« an und erklärt: »Sie können leichterdings mein Faible für die Geheimnisse des Roulettes verknüpfen mit meinem Zugang zu den Geheimnissen der Herzen alter Menschen, die sich mir öffneten.«

Solcherlei theoretische Einsichten bewahren Reinhard Wollrich allerdings nicht davor, zu mehreren Jahren Haft verurteilt zu werden.

Friedliche Finger

Seine glücklichste Zeit als Geschäftsmann hatte Bojan Nemec vor fünfzehn, vielleicht auch vor zehn oder siebzehn Jahren. Auf alle Fälle vor dem Einbruch der Konkurrenz in seine Welt, vor der Ausbreitung jener bordellhaft beleuchteten, meist von Russinnen betriebenen Nagelstudios, Nail-Shops, Maniküre-Center und wie sie alle hießen.

Diese Miniläden, die sich als Minilaufstege für albernes Herumstöckeln darboten, nahmen Bojan Nemec nicht die Kundschaft weg, aber sie beleidigten seine Berufsehre. Sie schienen seinen handwerklichen Idealismus zu verhöhnen, als handele es sich dabei um eine liebenswerte, aber leider museale Schrulligkeit. Es ging Bojan Nemec wie einem Geigenbauer alter Schule, in dessen Nachbarschaft eine Fabrik entsteht, die maschinell gefertigte Instrumente vom Band laufen lässt.

Bojan Nemec stammt aus Prag. Ein paar Jahre nach dem Beginn des neuen Jahrtausends stellte die nahe der Moldau gelegene Badeanstalt, in der er als Masseur gearbeitet hatte, ihren Betrieb ein. Er verstand es als Wink des Schicksals. Er hatte schon öfter überlegt, in den Westen zu gehen, jetzt war es so weit. Mit nicht mehr als zwei Koffern kam er in München an, von allen deutschen Städten schien es ihm diejenige zu sein, die Prag am meisten ähnelte. Er wollte sich auch beruflich verändern, er dachte an eine Tätigkeit, die der früheren nahekam, aber seiner Begabung für den Umgang mit menschlichen Körpern, ihren Bedürfnissen, Nöten und Schwachstellen etwas anderes abforderte. Aus der Idee, eine Ausbildung als Physiotherapeut zu machen, wurde nichts, ihm fehlten die nötigen Schulzeugnisse.

Um sich über Wasser zu halten, arbeitete er eine Weile als Privatmasseur in den Häusern von Menschen, die, wie er bald feststellte, weniger an Muskelverspannungen denn an Einsamkeit litten und sich den Luxus eines stummen Zuhörers leisteten. Dafür hatte Bojan Nemec seine Heimatstadt nicht verlassen. Er wusste immer weniger, was er eigentlich suchte und tun sollte. Schließlich begann er eine Maskenbildnerlehre an einem Münchner Theater, wo er, vom Chefmaskenbildner abgesehen, der einzige Mann unter einem Dutzend Frauen war. Das hätte ihn nicht gestört. Aber ihm behagte das selbstverliebte Getue der Schauspieler und, noch schlimmer, der Schauspielerinnen nicht. Das pausenlose hysterische Gerede über erstklassige und zweitklassige Regisseure, Spitzenrollen und Nebenrollen, supertolle und weniger tolle Kinofilme, als gäbe es für diese Leute nichts anderes auf der Welt als ihr kleines bisschen Prominenz.

Er brach die Lehre ab und kam in einem Kosmetikinstitut unter, wo man seine Kenntnisse als ausreichend für die Pflege der wenigen männlichen Kunden erachtete. Bojan

Nemec zupfte die wuchernden Augenbrauen älterer Herren, er befreite Nasenlöcher und Ohrlöcher von unansehnlichen Härchen, verteilte Feuchtigkeitsmasken auf Wangen und Stirnen, zum Abschluss der Behandlung massierte er Nacken und Schultern. Es war keine allzu anspruchsvolle Arbeit, aber sie machte ihm Freude.

Am meisten Freude aber bereitete ihm die Maniküre, er war selbst darüber erstaunt. Je intensiver er sich mit diesem Teil der Körperpflege befasste, desto sicherer war er, dass genau hier die sinnvolle Aufgabe lag, auf die er gewartet hatte – und sie womöglich auf ihn. Er war überzeugt, dass er Menschen helfen konnte, wenn er ihren Händen half. Und wie viel es da zu tun gab, wurde Bojan Nemec bewusst, als er sein Augenmerk auf Fingernägel richtete, vor allem auf das Nagelbett darum herum. Er sah Schlachtfelder bei jedem zweiten, ob bei Männern oder bei Frauen, deren Maniküre er im Lauf der Zeit ebenfalls übernahm.

Er sah das Ergebnis wahrer Selbstzerfleischungen; entzündete und zerfetzte Nagelbetthaut, entstanden aus nervöser Aggressivität, die sich gegen diese so überaus empfindliche Hautpartie richtete. Er beobachtete, wie sich Menschen zu Feinden ihrer selbst machten. Wie sie mit Schneidezähnen über Nägel und Nagelhaut herfielen, knabberten, zerrten, rissen. Oder sich mit kleinen Scheren bewaffneten und tief in die Haut hineinschnitten. Zurück blieben offene Wunden und nässende Stellen. Verheilten sie langsam, ging das Unheil von vorne los. Die abgeschnittene Haut begann zu wuchern und daraufhin zu verhornen und auszufransen. Die abstehenden Hautpartikelchen, die nun entstanden, riefen wiederum Attacken mit Zähnen und scharfen Instrumenten hervor, wieder wurde gebissen und geschnitten.

Bojan Nemec begann sich mit dem Marktsortiment flüssiger Nagelhautentferner zu befassen. Aber sie gefielen ihm nicht. Entweder ätzten sie die Haut mit starker Chemie einfach weg, oder sie klebten lediglich auf der Haut, ohne irgendeine Wirkung zu erbringen. Keines der Mittel entsprach seiner Idee einer schonenden, gleichsam friedlichen Maniküre, und die Verwirklichung dieser Idee füllte ihn fortan aus. Er betrachtete sich als Pionier, als Erfinder eines optimalen Nagelhautentferners. Und sein Lebensglück wollte, dass er mit seinem Vorhaben nicht allein blieb, sondern es mit einem Lebensgefährten teilen durfte.

Er lernte Bruno Herbst an einem Sonntagnachmittag kennen. Sie standen nebeneinander vor dem Schaufenster eines Immobilienmaklers und kamen ins Gespräch, das sich aus der Verblüffung über die horrenden Münchner Mietpreise ganz selbstverständlich ergab und ebenso hürdenlos ins Persönliche überging. Bojan Nemec mochte auf Anhieb die geschmeidige Höflichkeit von Bruno Herbst, seine ebenso reservierte wie unverkrampfte Art zu flirten. Darüber hinaus gefiel ihm die unaufdringliche Gepflegtheit des Deutschen. Aber das Gefühl, in diesem Mann das Echo seiner selbst gefunden zu haben, durchströmte ihn erst, als er ihm eine halbe Stunde später in einem Café gegenübersaß, Bruno Herbst in der Getränkekarte blätterte und sich seine Hände der unauffälligen Betrachtung darboten.

Ihr Anblick entzückte Bojan Nemec. Die Nagelkuppen zu perfekten Halbmonden gefeilt, die Nagelbetten tadellos, ohne die Anmutung des affig Übermanikürten, die sich bei Männerhänden leicht einstellen kann. Der 45-jährige Bojan Nemec verliebte sich beim ersten Rendezvous in den zehn Jahre Jüngeren, der, dies war die nächste Glücksüberraschung, als Chemielaborant arbeitete und eigentlich vorhatte, dies auch künftig in seiner Heimatstadt Leipzig zu tun.

Es kam anders. Bojan Nemec riss Bruno Herbst aus dem Stand heraus mit. Als der Kaffee vor ihnen stand, erzählte er von seinem Projekt, der Erfindung eines Nagelhautentferners. Es wurde noch am gleichen Tag zu einem Paarprojekt, das durchgreifende Lebenskonsequenzen mit sich brachte. Drei Monate später zog Bruno Herbst zu Bojan Nemec nach München, im Stadtteil Giesing fanden sie eine erschwingliche Dachwohnung zur Miete, in der sie ein Labor einrichteten.

Sie machten sich an die Arbeit. Sie zerlegten sämtliche Nagelhautentferner, die in Drogerien angeboten wurden, in ihre chemischen Bestandteile, experimentierten, mischten und dosierten die verschiedenen Ingredienzen neu. Nach einer zwei Jahre währenden Forschungsphase hatten sie ein Mittel hervorgebracht, das ihren Idealen standhielt. Bojan Nemec arbeitete weiterhin im Kosmetikinstitut, Bruno Herbst fand eine Halbtagsstelle im Labor einer Münchner Klinik.

Lange suchten sie nach einem Namen für ihr Produkt. Er sollte einprägsam und melodisch sein, sinnbildlich und zugleich ein wenig geheimnisvoll, dabei nicht zu medizinisch klingen, er sollte etwas Universales ausdrücken und entfernt an einen Personennamen erinnern. Am Ende einigten sie sich auf »Veronia«.

Bojan Nemec kündigte im Kosmetikinstitut und eröffnete im größten Kaufhaus von München an der Neuhauser Straße einen sogenannten Propagandastand, wo er »Veronia« auf eigene Rechnung verkaufte. Sein Erfolg bei den Kunden war vom ersten Tag an durchschlagend. Er verdankte sich nicht nur der Qualität der Ware, sondern mehr noch dem an diesem Ort recht ungewöhnlichen Auftreten von Bojan Nemec. Er trug weiße Gesundheitssandalen, eine weiße Leinenhose und darüber einen fast bis zum Knie reichenden weißen Leinenkittel mit eng geknöpftem Stehkragen. Seine Erscheinung besaß etwas Priesterliches und zugleich Krankenpflegerisches.

Der Stand war am Rand der Kosmetikabteilung positioniert und unterschied sich von deren Glamour wie eine schlichte Seitenkapelle von einer Kathedrale, aus der eingeschüchterte Besucher in die heimelige Nische flüchten. Viele Kunden, zu neunzig Prozent waren es Kundinnen, blieben aus reiner Neugier bei Bojan Nemec stehen. Kommerzielles Bestürmen war bei ihm so wenig zu befürchten wie das lärmende, für Propagandisten sonst so typische Anpreisen. Im Gegenteil, Bojan Nemec verhielt sich höchst dezent, wenn er hinter seinem Stand hervortrat und Vorbeigehende ansprach. Er hatte lange überlegt, welcher Satz für diesen Urmoment des Kontakts der richtige sein könnte. Der Satz, den Bojan Nemec schließlich verwendete, lautete: »Die Hände bitte.« Das klang nicht überfallartig, rief aber sofort Erstaunen hervor.

Aus den drei schlichten Worten ergaben sich mindestens so viele Fragen. Ging es um Hände im Allgemeinen? Sollten Hände gedrückt werden? Aber wieso hier im

Kaufhaus? Das fragte sich jeder und hielt Bojan Nemec automatisch die Hände hin. Er hatte auch die Wirkung seines tschechischen Akzents bedacht. Die Melodie, die der kleine Satz in seinem Mund annahm, konnte Kunden unbewusst an den Klang der habsburgischen Sprachwelt erinnern, vielleicht sogar an die galante Formel »Küss die Hand, gnä Frau«. Abgerundet zur Szene stilvoller Ergebenheit wurde der Satz durch die kleine Verbeugung, die Bojan Nemec ausführte, wenn er sich seinem Aufgabenfeld näherte, den hingestreckten Händen.

Dann sah er, was Haut und Nägel in der Vergangenheit erlebt und erlitten hatten, was es zu reparieren gab. Und bevor er den möglichen Erwerb von »Veronia« zur Sprache brachte und die Aufmerksamkeit auf die weißen, in akkuraten Reihen auf dem Tresen des Standes aufgebauten Fläschchen lenkte, studierte er geduldig all die Spuren, die von missratener Maniküre zeugten.

Bojan Nemec sprach leise mit den Kunden, fast flüsternd. Schon dieser Flüsterton schirmte das Zwiegespräch gegen das Drumherum des Kaufhausbetriebs ab, als vollzöge es sich tatsächlich im Beichtstuhl seitlich eines Kirchenschiffs. Bojan Nemec kam, wenn er sich über fremde Hände beugte, um die eine oder andere intime Frage nicht herum. Fragen, die das Verhältnis der Menschen zu ihrer sensiblen Nagelhaut betrafen, woraus sich, ausgesprochen oder unausgesprochen, noch ganz andere Fragen ergaben: Das Verhältnis zum Körper, zur offensichtlich mangelnden Selbstliebe und zur Lebensweise ganz allgemein. Aber er wahrte, den Blick zu den Händen gesenkt, als würde er eher ihnen als dem Besitzer zuflüstern, eine bestimmte anonyme Distanz. Genau so stellte sich Bojan Nemec die seriöse Ausübung seines Berufs vor.

Das Aufkleben von künstlichen Krallen, das rüde Abschmirgeln der Nägel und Nagelbetten – all diese amateurhaften und rücksichtslosen Methoden, die er in den Nail-Shops beobachtete, hatten seiner Ansicht nach damit nichts zu tun. Voller Verachtung ging er an den halbseidenen Geschäftchen und den Angeberautos vorbei, die fast immer davor parkten. Mit keinem Blick würdigte er das grässliche Zeug, das in den Schaufenstern lag. Es reichte ihm, an seinem Stand bisweilen an Hände zu geraten, die in einem dieser Shops zu einer Art Fingerdisneyland verschandelt worden waren.

So genau will der Richter, vor dem sich Bojan Nemec wegen Sachbeschädigung verantworten muss, das alles gar nicht hören. Für die Verhandlung ist eine Stunde angesetzt. Die Beweislage ist eindeutig, der Angeklagte Nemec geständig und das Urteil, eine nicht allzu hohe Geldstrafe, absehbar. Aber die Frage des Richters, wie es denn zu der Tat gekommen sei, öffnet bei Bojan Nemec ein Ventil, als habe er nur darauf gewartet, sein profundes Berufswissen einmal vor Publikum darlegen zu können. Dass es sich bei diesem um einen Richter und zwei ehrenamtliche Schöffen handelt, scheint er fast zu vergessen. Am liebsten würde er, so wirkt es, von der Anklagebank nach vorne springen, die Hände der drei Personen hinter dem Richtertisch ergreifen und sie als Lehrbeispiel in seinen leidenschaftlichen, ja beinahe euphorischen Vortrag einbeziehen.

»Wie kam es denn nun ...«, versucht der Richter noch

einmal, den Redestrom des Angeklagten zu bremsen, aber Bojan Nemec ist noch nicht fertig.

Nachdem der Nagelhautentferner »Veronia« ausgereift war, nahm er mit Bruno Herbst die Entwicklung eines ebenso perfekten Maniküribestecks in Angriff. Weder aus Metall gefertigte Instrumente erschienen ihnen akzeptabel noch solche aus Rosenholz. Etwas anderes gab es jedoch nicht auf dem Markt. Metall war zu scharf, Rosenholz hingegen anfällig für Durchfeuchtung. Es weichte nach kurzer Verwendungszeit auf. Sie versuchten es mit Kunststoff, und nachdem Bojan Nemec herausgefunden hatte, dass die Kunststoffverarbeitung in Asien ein besonders hohes Niveau besitzt, die entsprechenden Exportartikel außerdem billiger als in Deutschland sind, nahm er Kontakt mit taiwanesischen Herstellern auf. Er befasste sich mit fernöstlichen Geschäftsgepflogenheiten, er brachte sich mithilfe von Sprachkassetten sogar die Grundlagen von Mandarin bei.

Bruno Herbst machte da nicht mehr mit. Er wäre gerne einmal ins Kino oder in ein Fitnesscenter gegangen. Er wollte an warmen Sonntagen auf einer Wiese an der Isar sitzen und picknicken, wie es anscheinend alle Münchner taten, deren Leben sich nicht ausschließlich um Nägel und Nagelbetten drehte. Nach Mitternacht von der akustischen Wiederholungsmühle chinesischer Begrüßungs- und Abschiedsformeln beschallt zu werden kam für ihn nicht infrage. Er empfand Bojan Nemecs Passion für »Veronia« zunehmend als Verranntheit, die längst über eine geniale Geschäftsidee hinausreichte und in missionarischen Wahn überging.

Immer häufiger kam es zu Streitereien zwischen den beiden Männern, schließlich zu einer Trennung, die, so versicherten sie sich, nur vorübergehend sein sollte. Gegen den Vorwurf, sein Leben bestünde aus nichts anderem als Nagelhaut, Nagelhautentferner und Nagelhautbearbeitung, hatte Bojan Nemec kein Argument. Denn im Grunde war es genau so.

Als eines Tages ein großes Paket an seine Privatadresse geliefert wurde, das Maniküreatäbchen aus hauchdünnem Kunststoff enthielt, nahm Bojan Nemec es allein entgegen. Der Lebensgefährte hatte sich für einen Monat in der Wohnung einer Arbeitskollegin aus der Klinik einquartiert.

Mit gedämpfter Freude sortierte Bojan Nemec am Tag darauf das Sortiment seines Stands im Kaufhaus neu, um Platz zu schaffen für die Stäbchen. In der Mittagspause versuchte er, Bruno Herbst in der Klinik anzurufen, erreichte ihn aber nicht. Am Abend zögerte er die Ankunft in der leeren Wohnung hinaus, bummelte durch Einkaufsstraßen und beschloss, zu Fuß nach Schwabing zu gehen und in einem Lokal zu essen. Auf dem Weg dorthin blieb er zum ersten Mal vor einem der einschlägigen Nail-Shops stehen. Nur das Schaufenster war noch beleuchtet, im Laden dahinter war niemand zu sehen.

Bojan Nemec öffnete seine Tasche, nahm eine große Schere heraus, die sich vom Aufschneiden des Taiwanpakets noch darin befand, und schrammte mit der Scherenspitze quer über die Schaufensterscheibe. Es war, wenn man so will, eine Demonstration all der destruktiven Handlungen, die Tausende und Abertausende Nagelbetten über sich ergehen lassen müssen. Der Rest der Geschichte ist weniger tiefsinnig. Die Ladenbesitzerin beobachtete den Anschlag aus einem hinteren Geschäftsraum und alarmierte die Polizei.

Bojan Nemec gab die Tat sofort zu und machte auch später keinerlei Versuche, sich einer Anklage wegen Sachbeschädigung zu entwinden. Er schickte der Nail-Shop-Unternehmerin einen Entschuldigungsbrief und bezahlte eine neue Fensterscheibe. Der Verkündung des Urteils, wie vorauszusehen handelt es sich um eine Geldstrafe, lauscht er mit freundlichem Lächeln. Unterstützt wird er bei alldem von Bruno Herbst. Keine vierundzwanzig Stunden, nachdem Bojan Nemec vor dem Schaufenster des Nail-Shops die Kontrolle verloren hatte, kehrte Bruno Herbst in die gemeinsame Wohnung zurück.

Löslicher Kaffee

Katia Wadinski, hochnervös und immerzu sprungbereit, erinnert an ein vibrierendes Radargerät. Ihre Pupillen stehen nie still, ihr Instinkt scheint keine Ruhe zu kennen. Wo sie geht und steht, verwandelt sich ihre Umgebung in ein Gebiet, das von ihr belauert wird. Permanent ist sie auf der Suche nach Gelegenheiten, sich ins Spiel zu bringen und den Gang der Dinge in ihre Richtung zu lenken.

Betritt Katia Wadinski beispielsweise eine Filiale der Berliner Feinkostkette »Butter Lindner«, stellt sie sich nicht geduldig ans Ende der Kundenschlange, um wie alle anderen zu warten, bis sie an der Reihe ist, und in der Zwischenzeit das Angebot der in der Theke ausgelegten Köstlichkeiten auf ihre Einkaufsliste abzustimmen. Nein, sie tippt der am Ende der Schlange stehenden Person auf die Schulter und verkündet in raumfüllender Lautstärke, sie ginge kurz zur Käseabteilung im hinteren Streckenabschnitt der Theke, man möge doch bitte so lange ihren Platz freihalten. Steht sie dann vor dem Käse, winkt sie mit ausgestrecktem Arm nach der Verkäuferin, die vorn hinter der Theke Brot abschneidet.

Sie wolle sich nur mal eben erkundigen, welche der drei

Gorgonzolasorten die mildeste und welche die schärfste sei. Die Antwort wartet sie erst gar nicht ab. »Ach, ich komm schnell nach vorn«, ruft Katia Wadinski, klackert auf ihren Bleistiftabsätzen los, windet sich durch die Kundenschlange, lächelt dabei mit mädchenhaftem Schulterzucken ihren Platzaufpasser an und zwitschert »nur ein Sekündchen« in den Rücken der Kundin, für die von der Verkäuferin gerade ein halber Laib Krustenbrot in Scheiben geschnitten wird. Bevor Katia Wadinksi die Gorgonzolafrage wiederholt, fällt ihr Blick auf ein Blech mit frischem Butterkuchen. Ein lang gezogener heller Begeisterungsschrei entfährt ihrem Mund, unüberhörbar für sämtliche Ohren der im Laden versammelten Gesellschaft, die nun als Publikum für Katia Wadinskis wortreiche Hymne auf diesen einfachen und doch so schmackhaften Kuchen dient. Verkäufer und Verkäuferinnen, Kunden und Kundinnen, die sich in diesem Moment in dem Geschäft aufhalten, werden, ob sie wollen oder nicht, darüber in Kenntnis gesetzt, dass die energische stark blondierte Frau jede Sahnetorte links liegen lässt, wenn sich der herrliche Butterkuchen in der Nähe befindet. Am Ende ihres Lobgesangs angekommen, schaut Katia Wadinski wie eine Lehrerin um sich, die ihre Schüler animiert, sich zu melden.

Sie hat die Vorlage geboten zu einer allgemeinen Butterkuchendiskussion, jetzt erwartet sie ein paar angemessene Reaktionen. Ein bisschen Gewinn für ihre Investition an Temperament, ein bisschen Marktplatzstimmung, und allein diese in der Luft liegende Erwartung zwingt es jedem auf, sich zwischen Mitmachen und Ignorieren zu entscheiden. Auch wer, genervt von dem Spektakel, zum Schweigen entschlossen ist, Katia Wadinskis aufgekratztes Getue im Stillen sogar verachtet und sie keines Blickes würdigt, kommt kaum darum herum, sich gedanklich mit den eigenen Kuchenpräferenzen zu befassen. Und sei es nur eine Sekunde lang. Irgendjemand nimmt es schließlich auf sich, ihr wenigstens mit einer kurzen Bemerkung Genüge zu tun. Irgendjemand räuspert sich und murmelt: »Eigentlich mag ich persönlich am liebsten die Nuss-Nougat-Croissants.«

Wie von selbst ergibt es sich, dass Katia Wadinski bevorzugt behandelt und vor allen anderen Kunden bedient wird. Das Krustenbrot muss warten, bis sie ein Päckchen Butterkuchen, eine große Portion Gorgonzola und eine Tüte mit Croissants in Empfang genommen hat. Es kümmert sie kein bisschen, ob sie dieses Privileg genießt, weil die Anwesenden vor ihrer Offensive einknicken oder weil sie ganz einfach ihre Ruhe haben und das aufdringliche Geschöpf so schnell wie möglich loswerden wollen. Sie schnurrt im Genuss des Privilegs wie eine Katze in der Sonne. Alles andere: nicht ihr Problem.

Es ist einer der kleinen Triumphe, die anzustreben offenbar in ihrer Natur liegt. Zu erobern, was und wen auch immer, sich Situationen gefügig zu machen und aus allem das Beste herauszuholen – dies sind für Katia Wadinski vollkommen selbstverständliche Lebenstechniken. Dabei wirkt sie gar nicht besonders herrisch, nur außerordentlich quirlig. Sie verbreitet nicht die Kälte einer Domina, sondern die erhitzte Energie eines Wirbelsturms. Dazu kommt: Katia Wadinksi ist eine kleine Frau. Sie muss zu den meisten Menschen aufschauen, was diesen wiederum das Gefühl gibt, vor einer Willenskraft zu kapitulieren, die zwar recht strapaziös, aber auch ein wenig kindlich und so letzten Endes nicht wirklich gefährlich ist.

Dass Katia Wadinski auf Raffinesse setzt, ist leicht zu bemerken, aber das Wesen dieser Raffinesse bleibt rätselhaft. Es könnte sich um jene kokette weibliche Spielart handeln, die lediglich ein Maximum an Aufmerksamkeit für die eigene Person erzwingen will. Ebenso gut könnte genau das eine Maske sein, hinter der sich eine strategische und viel weiter reichende Verschlagenheit verbirgt, der alles zuzutrauen ist. An dieser Frage biss sich die Berliner Staatsanwaltschaft lange die Zähne aus und kam doch nie dahinter, ob, und wenn ja, in welchem Maß Katia Wadinski in die kriminellen Geschäfte ihres Mannes Jerzej Wadinski eingeweiht oder an diesen Geschäften sogar aktiv beteiligt war. Sie war und blieb undurchschaubar, unberechenbar.

Sie ist es auch für die Kundschaft im Feinkostladen, die schon befreit durchatmet und glaubt, jetzt, da Katia Wadinski an der Kasse steht und mit langen, dunkelrot lackierten Fingernägeln den goldfarbenen Verschlussknopf ihres Geldbeutels aufbiegt, sei der unerzogene Divenauftritt endlich überstanden und die Ordnung im Verkaufsgeschehen wiederhergestellt. Aber nein. Katia Wadinski hat noch einen Trumpf im Ärmel. Sie hat den falschen Geldbeutel dabei, der richtige befindet sich in ihrem Auto.

Die Verkäuferin hat die Summe, die Katia Wadinski für Butterkuchen, Gorgonzola und Croissants bezahlen muss, aber schon eingetippt. Ein Problem, das erneut für Verzögerung sorgt und neuen Diskussionsstoff bereithält. Denn Katia Wadinski bietet, als wäre sie eine Parlamentsvorsitzende, die zur Abstimmung aufruft, zwei Möglichkeiten zur Lösung des Problems an, das ihr, wie sie ebenfalls langatmig auseinandersetzt, durchaus peinlich ist. Sie könne so schnell wie möglich zum Auto laufen, um den richtigen Geldbeutel zu holen. Dann aber müssten bedauerlicherweise alle hier auf sie warten. Oder die Verkäuferin mache sich die Mühe, falls das kassentechnisch überhaupt möglich sei, die Beträge zurückzubuchen. In diesem Fall käme sie später wieder, um ihre Einkäufe erneut zu tätigen.

Um Katia Wadinski herum herrscht jetzt nur noch Fatalismus. Soll sie tun, was sie will. Zum Auto gehen, einen Geldbeutel oder einen Koffer mitbringen oder es sein lassen. Die allgemeine Lähmung deutet Katia Wadinski instinktsicher in ihrem Interesse, sie huscht aus der Tür, kommt nach zehn Minuten wieder, einen Geldbeutel in der erhobenen Hand schwenkend. Auf dem Weg zur Kasse nimmt sie, ohne stehen zu bleiben, noch zwei Döschen Kaviar aus dem Regal. »Und die bitte auch noch! Das war's dann aber wirklich!«, ruft sie durchs Geschäft und legt einen blitzsauberen Fünfhunderteuroschein in die Geldschale auf dem Tresen.

Eine Stammkundin der Filiale von »Butter Lindner«, der sich die Szene tief einprägte, kann beschwören, im Geldbeutel der Katia Wadinski ein ganzes Bündel solcher Scheine erspäht zu haben, die alle aussahen wie »gestern hergestellt«. Als sie in einer Berliner Boulevardzeitung, die über den Prozess gegen Jerzej Wadinski über Wochen hin berichtete, seine Frau auf einem Foto wiedererkannte, packte sie die Neugier auf die kapriziöse Zeitgenossin und ihren Ehemann. Bei jedem Prozesstermin sitzt sie im Besucherbereich des Gerichtssaals und erzählt in den Prozesspausen freigiebig von ihrem Erlebnis im Feinkostgeschäft.

Die Wadinskis kamen Mitte der Neunzigerjahre mit zwei kleinen Kindern aus Minsk nach Berlin. Sie waren seit ihrer Jugend ein Paar, hatten schon in einem Zimmer zusammengewohnt, als Jerzej Wadinski noch Maschinenbau an der Universität in Minsk studierte und Katia Wadinski in einem Kindergarten arbeitete. Nach dem Studium erhielt er eine Stelle als Ingenieur bei den Minsker Traktorenwerken, das erste Kind kam auf die Welt, die Familie zog in eine kleine Wohnung um.

Es ging ihnen keineswegs schlecht, im gesellschaftlichen Vergleich sogar recht gut. Sie konnten sich ausrechnen, welchen Punkt sie auf der ansteigenden Kurve persönlichen Wohlstands im besten Fall erreichen würden, und sie hatten keinerlei Zweifel daran, dass sie über diesen Punkt weit hinauswollten. Sie wollten nicht das Leben von Menschen führen, denen es einigermaßen gut geht, sondern das Leben von Menschen, denen es nach den Maßstäben des Westens ausgezeichnet geht. Sie waren entschlossen, dorthin zu gelangen, wo sich echter Reichtum befindet.

Die erste Schwelle zur Verwirklichung dieses Plans überschritten sie, als Jerzej Wadinski von einer Tiefbaufirma angeheuert wurde, die am Großprojekt des Potsdamer Platzes in Berlin beteiligt war. Er ging zunächst allein nach Berlin, Katia Wadinski blieb für ein Jahr noch mit den Kindern in Minks. In diese Zeit fällt, so ist zu vermuten, der Beginn der Einbrecherlaufbahn des sehr groß gewachsenen, schmalen Jerzej Wadinski. Zu vermuten ist auch, dass er in dieser Frühphase seiner kriminellen Aktivitäten in Kontakt mit osteuropäischen Banden stand, in deren Hierarchie er damals noch die untergeordnete Position eines Lieferanten von Diebesgut einnahm. Die Position eines, so könnte man sagen, Subunternehmers.

Er brach nach Feierabend in Privathäuser ein, bevorzugt in solche, die in wohlhabenden Berliner Villengegenden lagen. Er raubte Schmuck, Uhren und Elektronik, aber auch Küchengeräte wie Espressomaschinen, Waffeleisen, Saftmixer, wenn es sich um hochwertige Markenartikel oder gar um Designerprodukte handelte, die in Osteuropa bei anspruchsvollen Kunden stark begehrt waren. Er raubte aus Arbeitszimmern Laptops und die dazugehörigen ledernen Laptoptaschen gleich mit, er raubte Kaschmirmäntel, Herrenjacketts und Damenblazer aus Garderobenschränken, während die Besitzer der schönen Kleidungsstücke ein Stockwerk darüber schlafend in ihren Betten lagen. Er ließ einfache Schuhe liegen und nahm nur die teuersten mit, und dann überfiel er zum ersten Mal ein Juweliergeschäft. Welches und wann genau, steht für die Staatsanwaltschaft nicht fest. Nur dass dem ersten einige weitere folgten.

Als Jerzej Wadinskis Familie 1996 in Berlin eintraf, erwartete sie eine Dreizimmerwohnung im mittelständischen Bezirk Steglitz, ein VW Passat und der Mitgliedsausweis für ein Fitnesscenter. Jerzej Wadinski arbeitete mittlerweile nicht mehr als Ingenieur, er war, offiziell und legal, Teilhaber einer plüschigen Diskothek mit dem Namen *Cavalia* und führte die Berufsbezeichnung Geschäftsmann.

In den folgenden fünf Jahren ging es mit den Wadinskis zügig bergauf, sozial und wirtschaftlich. Auf beides legten sie Wert. Jerzej Wadinski machte sich gleichsam als Unternehmer selbstständig, er etablierte sich als Chef einer vielköpfigen und vielschichtigen kriminellen Bande, die in ihrer Organisation tatsächlich Ähnlichkeit mit einer Firma besaß. Sie verfügte über Handlanger, die wie freie Mitarbeiter nur sporadisch bei Diebstählen und Einbrüchen zum Einsatz kamen, über Chauffeure, die das erbeutete Diebesgut herumfuhren, über Informanten, die lediglich Tipps lieferten, über Mittelsmänner und Hehler.

Sie alle fungierten als Angestellte der unteren und mittleren Ebene der Bande, deren Gesamtorganismus sie gar nicht überblickten. Sie bekamen einen Auftrag, beispielsweise den, das Lager eines Pelzwarengeschäfts über Nacht zu leeren, führten ihn aus, nahmen ihren Lohn entgegen und verschwanden in der Anonymität. Der Kreis des Spitzenmanagements, das Jerzej Wadinskis Vertrauen genoss oder dies zumindest glaubte, war auf drei, vier oder fünf Männer beschränkt.

Wenn er gegen Mitternacht das *Cavalia* aufsuchte, parkte er ein paar Straßen entfernt, ging zu Fuß zu dem Haus, in dessen Erdgeschoß die Diskothek lag, am Türsteher und dem schummrig beleuchteten Haupteingang vorbei und bog an der Hausecke in eine Toreinfahrt ab. Durch den

Hintereingang des Gebäudes erreichte er einen fensterlosen Raum, der als Operationszentrale und Waffenversteck der Bande diente. In einem Tresor waren besonders wertvolle Beutestücke aufbewahrt, vorübergehend auch mal kleinere Mengen an Drogen.

Von den männlichen Gästen des *Cavalia,* vor allem Polen, Russen und Ukrainer, die in aufdringlichen Lederjacken breitbeinig auf den Barhockern saßen und Wodka um die Wette tranken, unterschied sich Jerzey Wadinskis Habitus erheblich. Er trug dunkle Anzüge, darunter schwarze Rollkragenpullover oder schwarze, am Halsauschnitt eng anliegende Baumwollshirts und außer einem goldenen Ehering und einer unauffälligen Armbanduhr keinerlei Schmuck. Auffallend an dieser bürgerlichen Erscheinung war allenfalls ihre betonte Klarheit, ihre korrekte und fast asiatische Strenge. Er war immer tadellos rasiert, seine schwarzen, nach hinten gekämmten Haare lagen wie eine glatt gezogene Kappe auf dem Schädel. Eine etwas blasierte Überlegenheit ging von ihm aus.

Man hätte ihn für einen zeitgemäßen Architekten oder einen Galeristen halten können, für den Besitzer einer Werbeagentur oder für einen Mann, der entschlossen war, in einer der aufsteigenden Branchen der New Economy sein Glück zu suchen. Tatsächlich waren deren beste auch Wadinskis fetteste Jahre. Nur war er eben nicht Börsianer, sondern Bandenchef. Aber die Ideologie vom rasant vermehrten Reichtum, der dem Risikobereiten in den Schoß fällt, der weiß, wie man sich im richtigen Moment in die richtigen Märkte einklinkt, diese Ideologie war von Jerzey

Wadinskis kriminellem Parasitentum gar nicht so weit entfernt. Die Beutezüge, die er, inzwischen auch in anderen deutschen Städten, ausführen ließ und aus der Ferne mittels verschiedener Handys überwachte oder überwachen ließ, betrafen Waren der unterschiedlichsten Art. Zum bunten Sortiment gehörten Untersuchungsgeräte aus Optikergeschäften ebenso wie eine Fuhre Schmelzkäse und eine Ladung Dachpappe.

Ende der Neunzigerjahre zogen die Wadinskis in den Stadtbezirk Charlottenburg, ins Zentrum des urbanen Westberliner Bildungsbürgertums. Sie eigneten sich selbstverständlich die Kultur und Lebensweise dieses Milieus an, wie Jerzej Wadinski sich den Bestand seiner Beute aneignete. Sie richteten sich in einer herrschaftlichen Wohnung mit sieben Zimmern, hohen Stuckdecken und offener Küche ein, schafften einen Flügel an, an dem die Kinder von einem privaten Klavierlehrer unterrichtet wurden. Sie mieteten auf demselben Stockwerk ein Appartement dazu, in dem ein englisches Au-pair-Girl und eine russische Haushaltshilfe unterkamen. Sie kauften Pesto nicht im Glas, sondern frisch zubereitet beim italienischen Feinkosthändler, hatten ein Abonnement für die Deutsche Oper, fuhren einen Volvo Kombi und schickten ihre Kinder auf eine Privatschule, wie die meisten Eltern ihrer Umgebung, denen die Meldungen über das miserable Niveau öffentlicher Berliner Schulen große Sorgen bereiteten.

Bei den Elternabenden setzte sich Katia Wadinski engagiert, wenn auch lärmend, in Szene. Aber so waren Russen eben und die Wadinskis schon deshalb beliebt, weil die

Mischung aus offensichtlicher Arriviertheit und einer Spur Andersartigkeit sie, mitsamt ihrem russischen Akzent, nun mal interessant machte. Ihr quecksilbriges Herumwirbeln, ihr nie ermüdender Drang, mit Menschen und Dingen, möglichst mit mehreren auf einmal, in Kontakt zu kommen, wurde durch sein fast militärisch beherrschtes Naturell ausgeglichen. Einzeln hätten sie seltsam wirken können. Sie ein wenig ordinär, er ein wenig unheimlich. Im Doppelpack überwog der Reiz des Kontrastes.

Während Jerzej Wadinski für die Mitbewohner des Hauses wochenlang unsichtbar blieb, teilte sich Katia Wadinskis Anwesenheit verlässlich und mit einiger Lautstärke schon deshalb mit, weil sie die Angewohnheit besaß, einen dicken klappernden Schlüsselbund an einem langen Band bei sich zu tragen, das wie eine Handtasche über ihrer Schulter hing. Von dem Metallpacken, der bei jedem Schritt gegen ihre Hüfte schlug, ging etwas Einschüchterndes aus. Davon abgesehen war er in modischer Hinsicht irritierend. Katia Wadinski bevorzugte luxuriöse, leicht schrille Garderobe aus Modehäusern wie Gucci oder Versace. Diesem Stil hätte eine Handtasche eher entsprochen als ein am Körper getragener massiver Schlüsselbund, der an eine Gefängniswärterin erinnerte.

Sie lebte, zumindest nach außen hin, das Leben einer selbstbewussten, schicken Ehefrau, der es vergönnt ist, sich um nichts weiter zu kümmern als um das Wohl des Haushalts, der Kinder und der eigenen Person. Wenn sie die Kinder zu Schule gebracht hatte, wurde sie am Stadtpark Grunewald von einem Personal Trainer erwartet, mit dem sie eine Stunde joggen ging und eine weitere Stunde

Körperübungen in einem Fitnessstudio absolvierte. Danach traf sie sich mit russischen Ehefrauen, die genauso lebten wie sie, zum Mittagessen und zum Boutiquenbummel. Sie fuhr die Kinder zum Hockeyverein, begleitete sie zu nachmittäglichen Kino- und Theatervorstellungen, sie plante die Familienurlaube. Wadinskis bevorzugtes Ferienziel war ein Resort der Hotelgruppe RIU an der Südküste Gran Canarias.

Niemand weiß, ob Katia Wadinskis Weg je zu der konspirativen Wohnung führte, die, ein paar Parallelstraßen vom Haushalt der Familie entfernt, das eigentliche Beutelager Jerzej Wadinksis beherbergte, ob ihr die Existenz dieses Depots überhaupt bekannt war. Als Beamte des Landeskriminalamts am 8. Januar 2002 die Räume besichtigten, trauten sie ihren Augen kaum. Sie kamen sich vor wie in einem mit Waren vollgestopften Miniaturkaufhaus. Sie fanden zu Bergen aufgeschichtete Pelzmäntel und Pelzjacken, Hunderte von Brillen, bis zur Decke reichende Türme von Videorekordern und Computern, Kartons voller Schmuck, eine Auswahl medizinischer Untersuchungsgeräte, zwanzig Gramm reines Heroin, ein paar Säckchen Kokain, tausend Tabletten Ecstasy und fast zweihundert Waffen, vor allem Pistolen.

Essensreste und mehrere auf dem Boden ausgebreitete Matratzen ließen vermuten, dass die Wohnung auch als Gelegenheitsunterkunft gedient hatte, wohl für Exporteure und Chauffeure, die zwischen Berlin und Polen pendelten.

Die Observation der Bande durch eine Sondergruppe des Dezernats für Organisierte Kriminalität hatte ein Jahr zuvor begonnen. Über Monate hin hörten die Ermittler sämtliche Gespräche mit, die das Ehepaar Wadinski mit seinen Handys führte. Aus Katia Wadinskis Telefonaten ergab sich lediglich, dass sie wöchentlich Friseurtermine vereinbarte, täglich mindestens zweien ihrer russischen Freundinnen über die hinter ihr liegenden und noch auf sie wartenden Alltagserlebnisse Bericht erstattete, einen Kinderarzt mit Sonderwünschen zur Verzweiflung brachte und eine überaus treue, mit ihrem Mann loyal verbundene Ehefrau war. Sollte eine solche tatsächlich nicht wissen, womit sich der Gatte beschäftigt, wenn er um elf Uhr nachts die Wohnung verlassen hatte und erst im Morgengrauen zurückkehrte?

Nie, in keinem Gespräch, war Katia Wadinskis Geplauder Unmut über dieses nächtliche Aushäusigsein zu entnehmen, nie klang es so, als hege sie unterschwellig Zweifel an der Treue ihres Gatten. Ebenso wenig aber streiften die Telefonate auch nur ein einziges Mal Jerzej Wadinskis kriminelle Aktivitäten. Dessen Handygespräche waren für die Ermittler zunächst nicht ganz einfach zu entschlüsseln, da er sich, wenn es um seine Geschäfte, um Einbrüche und Adressen oder um die Namen von Bandenmitgliedern ging, eines differenzierten Codes bediente.

Eines Tages, im Sommer 2001, fiel in seinen Handygesprächen immer wieder das Stichwort »Kaffee«. Jerzej Wadinskis hielt sich mit der Familie wieder einmal auf Gran Canaria auf und dirigierte nebenbei fernmündlich drei Einbrüche in Juwelierläden. Um das zu verstehen, kannten die LKA-Leute den Wadinski-Code inzwischen gut genug, zumal es ihnen gelang, die Chronik der Einbrüche, die der Bande zuzurechnen waren, mit deren Spezialsprache zu kombinieren. Aber »Kaffee«? Der Begriff war neu. Was konnte er bedeuten? Sollte es sich um eine ziemlich amateurhafte Übersetzung von Kokain handeln? In einem Gespräch war allerdings von »zwölf Tonnen Kaffee« die Rede.

Zwölf Tonnen? Hatte es in der Geschichte des Drogenschmuggels je eine vergleichbare Fracht gegeben? Und wenn, war dem Charlottenburger Russen eine derart elefantöse Operation zuzutrauen? Die Kokainspur verlief sich im Nebel. Sie verknüpfte sich nicht mit einem Fall, der zur gleichen Zeit Kriminalkommissare in Bremen vor ein Rätsel stellte und der, auf das vermeintliche Codewort »Kaffee« bezogen, dieses sofort gelöst hätte. In der Nacht vom 12. auf den 13. August 2001 verschwand vom Gelände einer schleswig-holsteinischen Spedition ein Lkw samt Anhänger. Er war morgens einfach weg. Er war, was sich erst im darauffolgenden Jahr rekonstruieren ließ, von zwei Polen des Wadinski-Unternehmens gekapert worden.

Sie chauffierten den Lastwagen in der Nacht über die Autobahn nach Berlin und stellten ihn im Hinterhof einer leer stehenden Fabrikruine im Bezirk Wedding unter. In dem Lkw und seinem Anhänger befand sich Ware der Kaffeefirma Jacobs Suchard, nicht weniger als zwölf Tonnen löslicher Kaffee im Wert von 75 000 Euro, der unter dem Namen »Krönung Gold« auf den Markt kam. Verpackt war die Kaffeeladung sowohl in zwei Meter hohen Metallcontainern als auch in Kunststoffsäcken, in die fünfhundert Kilo hineinpassten. Die zwei Polen luden die Fracht mit einem Gabelstapler aus, deponierten sie in der Ecke einer Lagerhalle und fuhren anschließend den leeren Lkw auf einen Parkplatz auf dem Berliner Autobahnring. Mutmaßlich wurden sie dort von Kollegen der Wadinski-Bande erwartet, die sie nach Berlin zurückbrachten.

Während des halben Jahres, das zwischen dem Kaffeeraub und Wadinskis Festnahme verging, lernte das Bandenpersonal, das in wechselnden Schichten die Abfüllung und Portionierung des braunkörnigen Gebirges zu bewältigen hatte, dieses als schiere Himmelsplage kennen. Zwölf Tonnen löslicher Kaffee vermögen Eigenschaften anzunehmen, die sehr unangenehm, ja geradezu unappetitlich sind. In Bewegung geraten, entfesselte der Kaffeestrom, der aus den Säcken und den Verschlusskappen der Container wie aus geöffneten Staudämmen herausfloss, regelrechte Staubwolken, was die Kaffeeabfüller zwang, mit Mund- und Nasenschutz zu arbeiten, als befänden sie sich in einer asiatischen Metropole mit akutem Smogalarm.

Hinzu kam ein zweiter chemischer Effekt: Liegt löslicher Kaffee erst einmal eine Weile lang offen herum, verwandelt er sich durch die Verbindung mit Luftfeuchtigkeit in eine klebrige, pappige Masse. In eine Substanz, die ästhetisch frischem breiigem Hundekot ähnelt. Nur war es eben kein Hundehäuflein, in dem die osteuropäischen Hilfskräfte herumrutschten, sondern eine sich immer weiter ausbreitende, irgendwann den Boden der halben Lagerfläche bedeckende Schlammlache. Um ihr zu trotzen, musste die Arbeitsausrüstung ergänzt werden. Wadinskis Bande hinterließ in der Fabrik mehrere Paar Gummistiefel mit dicken Profilsohlen.

Zwölf Tonnen sind zwölf Tonnen. Wer auch immer in

den Herbstmonaten an der Schinderei mit »Krönung Gold« beteiligt war oder den eigenen Bedarf und den von Verwandten, Freunden, Bekannten über Jahre hinaus mit löslichem Kaffee versorgte, muss im Lauf der Zeit den Respekt vor der Ware und ihrem materiellen Wert gründlich verloren haben. Die Schwelle der hygienischen Rücksicht muss im Lauf der sisyphusartigen Abfüllung erheblich gesunken sein. Zum Abfüllen von Zehn-Kilo-Portionen diente, allerdings nur in der Anfangsphase, eine Personenwaage. Die Portionen wurden dann in einfache blaue Mülltüten gefüllt, der Kaffee in den Tüten nach Polen transportiert und dort an Kaffeeautomatenaufsteller verkauft.

Aus dem Abfüllungsvorgang verschwand allerdings mehr und mehr jegliche Präzision. Auf ein Kilo mehr oder weniger kam es Wadinskis Leuten nicht an, die Personenwaage überhaupt nicht mehr zum Einsatz. Sie fegten den Kaffee nur noch mit einem Besen zusammen, schoben die Haufen auf ein Kehrblech und kippten das braune Zeug, egal ob es frisch aus den Containern herausrauschte oder aus der Schlammschicht vom Boden stammte, wild durcheinander in die Mülltüten. Das Profitstreben, dem der Kaffeeraub ursprünglich diente, dürfte sich in angewiderten Vernichtungswillen verwandelt haben. Jerzej Wadinski selbst lernte den Geschmack von »Krönung Gold« nie kennen. In seinem Haushalt gab es eine italienische Espressomaschine.

Mit den Jahren und Erfolgen ging aus Jerzej Wadinskis Kaltschnäuzigkeit ein verwöhnter Hochmut hervor, ein Gefühl imperialer Überlegenheit, das ihn am Ende schneller zu Fall brachte, als dem Landeskriminalamt recht war. Er hielt sich für unantastbar, für einen Mann, dem alles zustand, der sich, was auch immer sein Interesse weckte, einfach schnappen konnte, ohne je selbst geschnappt zu werden.

Die Realität sah anders aus. Während die Bande immer dreister und fahrlässiger zu Werke ging, verdichtete sich das Informationsnetz der LKA-Ermittler. Sie warteten mit der Festnahme Wadinskis allerdings und ließen ihn gewähren, um aus den Puzzleteilen seiner Aktivitäten, seiner nach Polen und von dort in andere osteuropäische Staaten hineinreichende Verbindungen ein möglichst komplettes Bild zu gewinnen. Dann aber ging alles Schlag auf Schlag. In der Nacht des 7. Januar 2002 wurde in eine Berliner Augenarztpraxis eingebrochen. Sie befand sich im selben Haus wie das *Cavalia*, drei Stockwerke darüber. Offenbar benötigte Jerzej Wadinski auf die Schnelle ein bestimmtes medizinisches Untersuchungsgerät, offenbar war er inzwischen verstiegen genug, das Gerät von seinen Leuten auf dem kürzesten Weg besorgen zu lassen, beim Hausnachbarn. Die Einbrecher, die die Augenarztpraxis zerlegten, benahmen sich dabei wie in der eigenen Küche. Sie verschütteten eine chemische Flüssigkeit, die noch tagelang durch den Hausflur roch. Sie hinterließen Spuren, die am nächsten Morgen die Einsatzpolizei schlafwandlerisch zum Hintereingang des *Cavalia* führten.

Katia und Jerzej Wadinski beobachteten das Geschehen aus der Entfernung. Sie umrundeten mit ihrem Volvo Kombi das *Cavalia* und sahen zu, wie ein Polizeiauto nach dem anderen vor der Diskothek hielt. Dass sie dabei selbst vom LKA observiert wurden, das sich dem *Cavalia* diskret näherte und den Einsatz der Kollegen mit gemischten Gefühlen verfolgte, ahnten die Wadinskis nicht. Katia Wadinski stieg aus dem Volvo. Sie überquerte die Straße, ging mit dem Handy am Ohr langsam auf das *Cavalia* zu. Sie solle, sagte Jerzej Wadinskis ihr ins Ohr, mit niemandem sprechen, sich nur umschauen. Plötzlich änderte er seine Strategie. Er fahre, kündigte er seiner Frau an, auf direktem Weg nach Polen. Er fahre sofort los. Sie solle aus dem *Cavalia* verschwinden und mit den Kindern nachkommen.

Ein paar Minuten später wurde das Ehepaar festgenommen, Katia Wadinski allerdings nach ein paar Tagen aus der Untersuchungshaft entlassen. Der Verdacht, dass sie die Geschäfte ihres Mannes gut genug kannte, um jederzeit wie eine Art Evita Perón an seine Stelle zu treten, liegt nahe. Beweisen lässt er sich jedoch nicht.

Während des Prozesses, der gegen Jerzej Wadinski und acht seiner Bandenmitglieder geführt wird, ist sie irritierend guter Dinge. Sie macht keineswegs den Eindruck einer Frau, die weiß, dass sie auf den Gatten für etliche Jahre verzichten muss, weil er im Gefängnis sitzt. Eher den einer Rennbahnbesucherin, die auf ein Pferd gewettet hat und von der Tribüne das Rennen verfolgt. In den Verhandlungspausen irrlichtert sie vor dem Gerichtssaal über den Flur, verwickelt den russischen Übersetzer in ein Gespräch, unterbricht es, um einen Vorbeilaufenden nach Feuer für ihre Zigarette zu fragen, nimmt nebenbei ein Handytelefonat an und wedelt mit der Hand, in der sie die Zigarette hält, einer Gerichtsreporterin zu.

Es ist nicht ganz klar, was das Signal zu bedeuten hat, wie sich auch sonst über Katia Wadinski, ihre Pläne, Ziele, Hintergedanken, nur spekulieren lässt. Bei Katia Wadinski ist nichts unmöglich.

Inhalt

Vorwort 5
Rotlicht 11
Vorwärtspanik 23
Außer Kontrolle 33
Doch eine Leuchte 45
Schwarze Löcher 59
Am Alex 71
Später im Leben 85
Inquisition 97
Null Grad Celsius 109
Exotische Liebe 123
Das Duell 135
Üble Maschen 147
Friedliche Finger 167
Löslicher Kaffee 179

Die Geschichten dieses Buches entspringen der Realität, die Namen der Beteiligten wurden jedoch verändert.

Einige Geschichten sind in dem Band »Fast schon kriminell«, Carl Hanser Verlag 2011, enthalten und wurden für dieses Buch überarbeitet.

Ein Teil der Texte basiert auf Reportagen, die in der ZEIT erschienen sind:

»Rotlicht« unter dem Titel »Der nette Idiot«
»Vorwärtspanik« unter dem Titel »Stirb endlich«
»Außer Kontrolle« unter dem Titel »Drei Minuten Hass«
»Am Alex« unter dem Titel »Der Tote vom Alexanderplatz«
»Null Grad Celsius« unter dem Titel »In der Gefriertruhe«
»Exotische Liebe« unter dem Titel »Von Obsessionen verschlungen«
»Das Duell« unter dem Titel »Das Schlafzimmer, ein Panic Room«

©Zeitverlag Gerd Bucerius GmbH & Co.KG

Wir bedanken uns für die freundliche Genehmigung.

»Ein liebevolles, einfühlsames und höchst unterhaltsames Buch.«

Stern

Ursula März
Tante Martl
Roman

Piper Taschenbuch, 192 Seiten
ISBN 978-3-492-31682-8

Tante Martl hat ihren Vater schon bei der Geburt enttäuscht, denn als dritte Tochter hätte sie endlich ein Martin sein sollen. Wie es kommt, dass sie ihn bis ans Ende seines Lebens versorgt und doch eigenständig bleibt, erzählt dieser Roman aus der Perspektive ihrer Nichte. Es ist die berührende Geschichte einer selbstlosen und eigensinnigen Frau und das Porträt einer ganzen Generation.

Leseproben, E-Books und mehr unter www.piper.de

Eine weibliche Geschichte der Weltliteratur

Verena Auffermann / Julia Encke / Ursula März / Elke Schmitter / Gunhild Kübler

100 Autorinnen in Porträts

Von Atwood bis Sappho, von Adichie bis Zeh

Piper Taschenbuch, 592 Seiten
ISBN 978-3-492-31948-5

Eine Auswahl der 100 bemerkenswertesten schreibenden Frauen aus zwei Jahrtausenden und der ganzen Welt, vorgelegt von den renommierten Kritikerinnen Verena Auffermann, Gunhild Kübler, Ursula März, Elke Schmitter und Julia Encke. Von Sappho bis Atwood, von Adichie bis Zeh porträtieren sie Schriftstellerinnen und ihren Weg zum Schreiben. Eine spannende, unterhaltsame und zum Lesen verleitende Erkundung der weiblichen Gefilde der Weltliteratur und ein Muss für jede Leserin – und jeden Leser!

PIPER

Leseproben, E-Books und mehr unter www.piper.de

Wenn das »schwache Geschlecht« brutale Verbrechen begeht

Coveränderungen vorbehalten

Nahlah Saimeh
Grausame Frauen
Schockierende Fälle einer forensischen Psychiaterin

Piper Paperback, 256 Seiten
ISBN 978-3-492-06220-6

Mutter, Mörderin, Monster? Eine erfahrene Forensikerin blickt tief in die grausame Psyche gefährlicher Frauen. Wenn Frauen morden, ist die Öffentlichkeit erschüttert. Straftäterinnen passen nicht ins Klischee. Nahlah Saimeh korrigiert dieses schiefe Bild mit True-Crime-Fällen aus ihrer Arbeit als Psychologin.

PIPER

Leseproben, E-Books und mehr unter www.piper.de